Bester Sex

Für E. & M.

INA KÜPER & MARLENE BURBA

BESTER SEX

33 Frauen erzählen über ihre
aufregendsten, unanständigsten
& romantischsten Abenteuer

SCHWARZKOPF & SCHWARZKOPF
ALLEY CAT

INHALT

Liebe Leserinnen, liebe Leser!
VORWORT
Seite 8

Die 1. Geschichte vom besten Sex
RACHE LOHNT SICH
Seite 11

Die 2. Geschichte vom besten Sex
SAN FRANCISCO
Seite 19

Die 3. Geschichte vom besten Sex
BORDSTEINSCHWALBE
Seite 27

Die 4. Geschichte vom besten Sex
VÖGELN
Seite 33

Die 5. Geschichte vom besten Sex
LILAC
Seite 39

Die 6. Geschichte vom besten Sex
ROADTRIP
Seite 45

Die 7. Geschichte vom besten Sex
HASSLIEBE
Seite 53

Die 8. Geschichte vom besten Sex
DIE ULTIMATIVE DROGE
Seite 59

Die 9. Geschichte vom besten Sex
DER KÜNSTLER
Seite 65

Die 10. Geschichte vom besten Sex
RASTPLATZ-ROMANZE
Seite 75

Die 11. Geschichte vom besten Sex
DER GESANGSLEHRER
Seite 83

Die 12. Geschichte vom besten Sex
BELLA IM SCHRANK
Seite 95

Die 13. Geschichte vom besten Sex
HITZE
Seite 103

Die 14. Geschichte vom besten Sex
SALSA AUF DER ZUNGE
Seite 111

Die 15. Geschichte vom besten Sex
BAYWATCH
Seite 119

Die 16. Geschichte vom besten Sex
SOMMERGEWITTER
Seite 125

Die 17. Geschichte vom besten Sex
INSPIRATIONEN
Seite 129

Die 18. Geschichte vom besten Sex
ABWÄRTS
Seite 133

Die 19. Geschichte vom besten Sex
DIE HOCHZEITSNACHT
Seite 139

Die 20. Geschichte vom besten Sex
SEXUAL NETWORKING
Seite 145

Die 21. Geschichte vom besten Sex
AUF DER SUCHE
Seite 149

Die 22. Geschichte vom besten Sex
ELEKTROLOVE
Seite 159

Die 23. Geschichte vom besten Sex
SCHÖN WIE PATRICK BATEMAN
Seite 167

Die 24. Geschichte vom besten Sex
SIEDEPUNKT
Seite 173

Die 25. Geschichte vom besten Sex
WEIT WEG
Seite 181

Die 26. Geschichte vom besten Sex
FRÜHSTÜCK
Seite 189

Die 27. Geschichte vom besten Sex
DREI GENTLEMEN
Seite 193

Die 28. Geschichte vom besten Sex
WARMES BIER
Seite 197

Die 29. Geschichte vom besten Sex
REIS OHNE ALLES
Seite 203

Die 30. Geschichte vom besten Sex
AFRIKA
Seite 213

Die 31. Geschichte vom besten Sex
ALLES ANDERS
Seite 219

Die 32. Geschichte vom besten Sex
VERLIEBT
Seite 225

Die 33. Geschichte vom besten Sex
REANIMATION
Seite 231

DIE AUTORINNEN
Seite 237

Liebe Leserinnen, liebe Leser!

Das Vorwort

Worauf stehen Frauen beim Sex? Diese Frage stellen wir *Alley Cat*-Redakteurinnen uns während der Arbeit an unserem Erotikmagazin immer wieder neu. Eines steht auf jeden Fall fest: Mit dem Sex verhält es sich nicht anders als mit Schuhen. Die einen mögen's schrill und hochhackig, die anderen lieben's bequem und mit flacher Sohle. Lust ist, wie so vieles im Leben, eine Frage des Geschmacks. Eine allgemeingültige Orgasmusanleitung haben wir deshalb noch nicht gefunden.

Aber wenn 33 Frauen vom besten Sex ihres Lebens erzählen, lässt sich doch die eine oder andere verlässliche Aussage machen. Ergebnis Nummer eins: Richtig heiß wird es meist nicht mit dem Gärtner oder dem Typen in Polizeiuniform, sondern mit dem langjährigen Freund, dem Ehemann oder einem Kumpel, den man plötzlich mit anderen Augen sieht. Ergebnis Nummer zwei: Guter Sex muss nicht unbedingt romantisch sein. Wir wollten authentische Geschichten und fragten: Jetzt mal ehrlich, wie war dein bestes Mal? Antworten fanden wir in unserem Kolleginnen-, Freundes- und Bekanntenkreis und die Erlebnisse, von denen die Frauen uns unverhofft offen erzählten, reichen von herzerwärmend, über animalisch bis humorvoll und ungewöhnlich.

Dieses Buch trotzt allen Klischees und zeigt, dass Frauen weder nur auf Blümchensex noch auf einfallslose Pornofantasien stehen. Sie fragen sich trotzdem, wozu die Welt ein weiteres Buch zum Thema Sex braucht? Ganz einfach: Weil es an der Zeit ist, dass echte Frauen über ihre Vorstellung von gutem Sex erzählen, anstatt dieses wichtige Thema Kitschromanen und Liebesfilmen zu überlassen. Und weil wir von *Bester Sex* lernen können. Wir Frauen können an den Erlebnissen anderer teilhaben und sie mit den eigenen vergleichen oder zu persönlichen Fantasien werden lassen. Und alle männlichen Leser, die mehr über die weibliche Lust erfahren wollen, brauchen nur eines tun: aufmerksam lesen!

Viel Freude an 33 wahren Geschichten!

Ina Küper & Marlene Burba

PS: BESTER SEX wird weitergehen! Wenn Sie uns auch von Ihrem schönsten, heißesten oder romantischsten Mal erzählen möchten, würden wir uns über eine E-Mail freuen. Schreiben Sie an: bestersex@33-erotische-geschichten.de

Die BESTER SEX-Herausgeberinnen Ina Küper und Marlene Burba geben auch das Erotik- und Lifestyle-Magazin ALLEY CAT heraus. Darin beschäftigen sie sich immer wieder mit der spannenden Frage: Was finden Frauen erotisch? Antworten gibt es in jedem Heft. ALLEY CAT erscheint alle drei Monate und ist im bundesweiten Bahnhofsbuchhandel und in gut sortierten Zeitungsläden erhältlich.

»Ist Ihnen je aufgefallen, dass ›Ach, was soll's?‹ immer die richtige Entscheidung ist?«

MARILYN MONROE

»Die Männer mögen das Feuer entdeckt haben. Aber die Frauen wissen besser, wie man damit spielt.« SARAH JESSICA PARKER

Die 1. Geschichte vom besten Sex

RACHE LOHNT SICH

Thea (25), Journalistin, München
über
Max (28), Investment-Banker, München

Mein Freund betrog mich nach einem Jahr. Und anstatt dass er mir die Wahrheit ins Gesicht sagte, erfuhr ich es von meiner besten Freundin, die ihn dabei beobachtet hatte. Ich war gekränkt, doch wir blieben zusammen. Vielleicht aus Liebe, vielleicht aber auch nur aus Liebe zur Gewohnheit.

Obwohl wir glaubten, alles geklärt zu haben, und bemüht waren, so weiterzumachen wie bisher, erstarrte unser Sexleben zu Eis. Er begehrte mich immer noch, aber nach seinem Seitensprung erschien mir sein Schwanz wie ein Verräter. Und Verräter lässt man nicht rein.

Wir entfernten uns mehr und mehr voneinander und irgendwann war ich lieber allein als bei ihm. Ich feierte viel, traf mich mit Freundinnen und war genervt, wenn er mal wieder versuchte, mich durch SMS von seinem schlimmsten Albtraum, einem hinterhältigen Rachefeldzug, abzuhalten. »Wo bist du?« »Was macht ihr?« »Wann kommst du zurück?« Heute verstehe ich seine Sorge. Denn obwohl ich mir immer wieder sagte: »Rache lohnt sich nicht«, schlummerte in mir der Wunsch nach Vergeltung. Ich wollte, dass mich endlich wieder jemand berührte, mir über meine Wange fuhr und zwischen die Beine fasste. Irgendjemand, nur nicht er. Und praktisch, wenn ich ihm damit gleichzeitig alles zurückzahlen konnte.

Meine Freundin Mia und ich trafen uns damals fast jedes Wochenende, um in Erinnerungen an unseren gemeinsamen Vietnam-Urlaub zu schwelgen, selbst gemixte Mango-Daiquiris zu trinken und uns anschließend herrlich beduselt die Wimpern zu tuschen. Zwei Drinks reichten aus, um den Verräter in meinem Bett zu vergessen und wenigstens einen Abend lang so zu tun, als wäre ich ein sorgloser Single.

Wir gewöhnten uns an, mit zwei guten Freunden auszugehen. Den einen, Borris, hatte ich vor einigen Jahren gedatet. Nachdem er jedoch beim ersten gemeinsamen Abendessen von einer Zukunft im oberen Stockwerk seines Elternhauses sprach, nahm unsere Liebelei ein jähes Ende. Wir wurden Freunde. Max, der andere, war bis zu diesem Abend nicht mehr als ein guter Freund gewesen. Mir war klar: Der Mann sieht gut aus! Sein dunkelblonder Wuschelkopf, die jeansblauen Augen und seine breiten, stets leicht gebräunten Schultern versetzten selbst meine Mutter in Verzückung. Als sie ihn zum ersten Mal sah, sprudelte es aus ihr heraus: »Was für ein attraktiver Junge! Und so höflich!« Vielleicht hätte es mir zu denken geben müssen, dass sie für meinen Freund nie solch enthusiastische Worte fand.

Im Gegensatz zu ihm war Max immer so unglaublich interessiert. Als er erfuhr, dass ich Modejournalismus studiere, unterhielten wir uns über amerikanische Redakteurinnen. Er wusste, wer Anna Wintour ist, wieviel (zumindest in etwa) eine Birkin Bag kostet und dass man Fingernägel mit weißer Spitze als French Manicure bezeichnet. Obwohl mich sein allumfassendes Modewissen stutzig machte, verlor er dadurch keineswegs an männlicher Ausstrahlung. Schließlich zeichneten sich unter den engen Shirts, die er immer trug, die Ansätze seiner Brustmuskulatur ab, ein riesengroßer japanischer Drache umklammerte seinen rechten, vom Wassersport gestählten und von der Sonne gebräunten Arm. Bartstoppeln umrahmten seinen sinnlichen Mund und eine

Reihe schneeweißer Zähne. Auf merkwürdige Art und Weise erschien er mir immer eine Spur zu schön, um ihn als potenziellen Lover in Betracht zu ziehen.

Doch eines Abends, ich glaube, wir waren bei der dritten oder vierten Tequila-Runde angelangt, umfasste er meine Taille und zog mich zu sich. »Weißt du was?« Ich bemerkte zum ersten Mal, wie gut er roch. So sauber. »Ich habe von dir geträumt.« Mein Herz pochte plötzlich wie wild. Ich schob es auf den Tequila. Das Salz juckte und klebte immer noch feucht vom Speichel an meinem Handrücken. »Ehrlich?«, antwortete ich mit glühenden Wangen und schummrigem Blick. Es blieb bei diesen paar Wortfetzen, aber unsere Blicke begegneten sich an diesem Abend noch öfter. Wenn er mich ansah, dachte ich, er müsste erkennen, wie heftig mein Herz schlug. Mein T-Shirt hätte reißen, die Halskette tanzen müssen. Als die Nacht zu Ende ging, war ich selig. Dabei war ja nichts passiert! Kein Händchenhalten, kein Kuss, nicht mal ein eindeutiger Hinweis. Aber der gänzlich neue Blick auf Max genügte.

Am nächsten Tag verschwand mein Freund zum Handballtraining. Ich nahm meinen ganzen Mut zusammen und tippte eine SMS: »Was hast du geträumt?« Ich kniff die Augen zusammen, als wenn ich mich vor einer herabrollenden Lawine fürchten würde, und drückte auf *Senden*.

Es dauerte keine fünf Minuten, dann antwortete er: »Ich habe geträumt, wir hätten es miteinander getrieben.« Mein Gesicht lief dunkelrot an. Ich hatte mir so was in der Art gedacht, mehr noch erhofft. Aber dass er so direkt antworten würde, schockierte mich. Ich dachte: »Unverschämt!« Und doch machte mich seine Antwort an. Ich fühlte mich schuldig, wollte aber trotzdem alle Details wissen. »Wie haben wir es getrieben?«, schrieb ich zurück. »Heimlich, im Garten hinter deinem Haus.«

»Was hatte ich an?«

»Dieses violette Kleid und drunter nichts außer Strümpfen.«

»Was hast du mit mir gemacht?«

»Ich hab mich an dich gedrückt. Von hinten. Deinen Rock hochgeschoben und einen Finger reingesteckt.«

Ich biss mir so fest auf die Lippen, bis sie höllisch schmerzten, und fragte mich, was ich da eigentlich tat? »Bescheuert«, dachte ich. Und trotzdem merkte ich, wie feucht ich in den letzten Sekunden geworden war.

»Und dann?« Ich war reumütig. Ehrlich!

»Dann hab ich dich gegen den Gartenzaun gepresst, deine Beine auseinandergeschoben und dich von hinten gefickt. Gefickt, bis du gekommen bist.«

Ich klappte das Handy zusammen und schmiss es hinter mich aufs Bett. Ich fühlte mich wahnsinnig toll, umgarnt, begehrt, aber auch irgendwie ertappt.

Als Max und ich uns die nächsten Male begegneten, war alles anders. Zuerst wusste ich nicht, wie ich mich ihm gegenüber verhalten sollte. Es fiel mir schwer, ihm in die Augen zu sehen. Aber meine Blockaden verschwanden, als ich merkte, dass er meine Nähe suchte. Bei der Begrüßung dauerten seine Wangenküsse ein paar auffällige Augenblicke länger als sonst, und wenn er mich fragte, was ich trinken wolle, fasste er nicht mehr meine Schulter, sondern mein Becken an. Wenn wir uns unterhielten, tat er so, als ob die Musik unglaublich laut wäre, und kam mir so nah, dass seine Lippen beinahe mein Ohrläppchen berührten. Wie zufällig berührten sich unsere Unterarme, wenn wir nebeneinandersaßen, und bei der Abschiedsumarmung rutschte seine Hand hinunter bis zu meinem Po.

Es war absehbar, dass ich nicht lange an mich halten konnte. Eines Abends schrieb ich ihm, ob wir uns irgendwo treffen könnten. »Klar, ich hol dich um elf an der großen Kreuzung ab.« Mein Kopf hämmerte, meine Hände wurden nass. Ich duschte, rasierte meine Beine und meine Muschi. Ich wollte, dass sein, nein, mein Traum in Erfüllung ging und streifte mir einen schwarzen Strumpfhaltergürtel und die passenden Strümpfe über. Dazu trug ich einen hautengen Bleistiftrock, einen lässigen Kaschmirpullover und graue Plateau-Stilettos. Mir wurde bewusst, dass ich für meinen Freund schon ewig nicht mehr so einen Aufwand betrieben hatte. Das tat mir leid. Und doch hatte ich das Gefühl, dass dieses Treffen mein gutes Recht war.

Pünktlich um elf holte Max mich ab. Er sah so unglaublich gut aus, trug eine weite Jeans, einen eng anliegenden Pullover und ein schwarzes Jackett. Zur Begrüßung küsste er mich nicht auf die Wange, sondern auf den Hals. Er lächelte mich an und sagte: »Wohin darf ich dich entführen?«

Wir fuhren zu einer Bar, von der wir wussten, dass wir dort niemandem begegnen würden. Ich wollte unbedingt betrunken sein, meine Nervosität loswerden und bestellte einen hochprozentigen Cocktail. Mit jedem Schluck wurde ich lockerer. Wir lachten, erzählten und schauten uns manchmal sekundenlang gedankenverloren an. Irgendwann griff er nach meiner Hand und ich merkte, wie mir augenblicklich die Nässe zwischen die Beine schoss. Mir war heiß und mein Kitzler pochte, ohne dass ich ihn dazu animieren musste. Max musste meine Geilheit bemerkt haben. »Sollen wir fahren?«, fragte er. Ich nickte nur wortlos und versuchte, mir nicht anmerken zu lassen, dass ich es kaum abwarten konnte, endlich mit ihm allein zu sein.

Wir liefen zurück zu seinem Auto und stiegen ein. Es dauerte zwei Ampeln, bis er meinen Oberschenkel berührte und seine Hand langsam nach oben wanderte. Ich stöhnte leise und musste mich zügeln, seine Finger nicht auf der Stelle an meine Möse zu pressen. Als er merkte, dass ich nichts unter meinem Rock trug, riss er das Lenkrad herum und steuerte einen dunklen Parkplatz an. Es kam mir vor, als ob mir der Cocktail und meine Lust die

Sicht vernebelt hätten. Alles um mich herum fühlte sich plötzlich so dumpf und doch so unglaublich intensiv an. Ich war froh, mir in diesem Zustand keine Gedanken machen zu müssen. Ich wollte nur bei Max sein. Gefickt werden.

Als der Wagen zum Stillstand gekommen war und alle Lichter im Innern des Autos dunkler wurden, zog Max mich zu sich herüber. Unsere Zungen berührten sich und ich erinnerte mich, wie aufregend ein simpler Kuss sein konnte. Erst trafen sich nur unsere Zungenspitzen, dann bahnten sich unsere Zungen ihren Weg, und unsere Münder prallten aufeinander. Dieser Kuss hatte nichts Romantisches, nichts von Hollywood oder Zuckerwatte. Es war, als ob unsere Münder sich seit Wochen nichts anderes gewünscht hätten. »Komm!« Wir stiegen aus. Er rannte fast um das Auto herum. Er griff nach meinem Po, zog mich an sich und saugte an meinem Hals. Er stöhnte und ich konnte seinen riesigen Ständer durch die Jeans fühlen. Dann kniete er sich hin, schob meinen Rock nach oben und leckte an meiner Spalte. Ich ging ein bisschen in die Hocke, damit er meine Lippen besser berühren konnte und drückte meinen Schritt in sein hübsches Gesicht.

»Baby, du schmeckt so gut«, flüsterte er. »Genau wie in meinem Traum.« Inzwischen fühlte sich mein Kitzler an wie eine überreife Kirsche, die nur darauf wartete, endlich gierig verschluckt zu werden. Ich schob mir einen Zeigefinger in den Mund, um ihn mir anschließend in meine klatschnasse Möse zu schieben. Das machte Max offensichtlich geil, und er richtete sich wieder auf. Er zog mich in Richtung Motorhaube, drehte mich um und drückte mich gegen den kalten Lack. Ich hörte das leise Zurren seines Reißverschlusses, dann spürte ich seine Schwanzspitze an meinem Oberschenkel. Ich griff nach hinten und umfasste seinen Schwanz. Er fühlte sich hart an, wie ein Backstein. Ein Backstein im warmen Teigmantel. Ich hielt es nicht mehr aus und streckte ihm meine Möse entgegen. Er drang mit einem heftigen Stoß in mich ein und stöhnte dabei laut auf. Bisher hatte ich gedacht, der Typ für ein ausgiebiges Vorspiel zu sein, aber jetzt und hier erschien es mir völlig überflüssig. Sein Schwanz drang immer wieder und wieder in mich ein. Ich fühlte mich ausgefüllt, genommen. Endlich. Meine Gedanken rasten und mir war schwindelig.

Zwischendurch hielt Max inne und küsste meinen Rücken. Er fuhr mit seiner Hand über meinen Oberschenkel und rieb an meiner Möse. Zuerst umkreiste er meine Klitoris, dann hielt er sie mit zwei Fingern und drückte sie sanft zusammen. Ich wusste nicht mehr, wohin vor Lust, wollte aber nicht, dass es so schnell vorbei war. Ich griff nach seiner Hand und schob sie beiseite. Er drang tiefer in mich ein und seine Bewegungen wurden immer hektischer. Anstatt lauter zu stöhnen, wurde Max plötzlich still. Ich wusste, dass das ein sicheres Zeichen dafür war, dass er sofort kommen würde. Er konzentrierte sich, kniff fest in meine Taille. Ich streckte ihm meinen Po entgegen und er benutzte Daumen und Zeigefinger, um meine Schamlippen zu spreizen. Ich berührte meinen Kitzler, rieb ihn sanft, bis mir warme Schauer den Rücken herunter liefen. Bildfetzen aus Max' Traum erschienen vor meinem inneren Auge. Ich beobachtete uns, geilte mich daran auf. Als ich kam, schrie ich auf und ließ meinen Oberkörper erschöpft auf die Motorhaube sinken. Max brauchte ein paar Sekunden, dann kam auch er. Ich spürte wie sein Schwanz langsam erschlaffte und sein warmes Sperma meinen Oberschenkel herabrann.

Ich zog meinen Rock herunter und drehte mich zu ihm um. Als wir uns anschauten, brachen wir in Gelächter aus. Uns war wohl beiden bewusst, wie bizarr diese Situation eigentlich war. Bizarr nur deshalb, weil wir nicht damit gerechnet hatten, dass alles so schnell geht.

Ich trennte mich wenige Tage später von meinem Freund, erzählte ihm aber nicht, was zwischen Max und mir gelaufen war. Von da an ging ich öfter aus. Vor allem mit Max.

Die 2. Geschichte vom besten Sex

SAN FRANCISCO

Lola (24), Kolumnistin, Düsseldorf
über
Felix (27), Übersetzer, Bremen

Ich fuhr meinen PC hoch – und wie jeden Abend schlug mein Herz auch heute höher. Ich fühlte mich süchtig. Selbst wenn ich mich den ganzen Abend mahnte: Heute bleibt der PC aus, hielt ich es nicht lange aus. Immer wieder sagte ich mir: Und wenn er online ist? Wenn er auf mich wartet? Wie oft hatte ich schon mein Handy ausgeschaltet, wenn ich auf eine SMS oder einen Anruf hoffte! Und dann hatte ich es doch nie länger als eine halbe Stunde ausgehalten. Die Versuchung war einfach zu süß, die Hoffnung, dass er doch noch anrief, zu verlockend. Ich war süchtig nach ihm geworden, nach seinen verruchten Worten und danach, meine heißen Gedanken mit ihm zu teilen.

Es war spät, draußen war es schon stockdunkel und ein starker Wind fegte immer wieder durch die Jalousien vor meinem Fenster. Sie klapperten beruhigend vor sich hin und ich fühlte mich wohlig und warm im meinem Zimmer. Ich hatte geduscht, mich mit meiner Lieblingslotion eingecremt und meinen Bademantel übergeworfen, der weich wie eine Perserkatze meine Haut streichelte. Ich saß auf meinem schweren Schreibtischstuhl und ertappte mich, wie ich minutenlang auf den Desktop starrte. Versunken in Gedanken. Weit, sehr weit weg. Genauer gesagt, in San Francisco.

Dort hatte ich ihn kennengelernt. Ich besuchte die Stadt für eine Woche, weil ich eine Einladung zur Fashion Week bekommen hatte. Weit weg von zu Hause in einer fremden Stadt fühlte ich mich unglaublich frei. Morgens besuchte ich die Messe, mittags durchstreifte ich die Stadt mit einer Freundin, die ich auf der Messe kennengelernt hatte. Abends ließen wir den anstrengenden Tag in einer Bar ausklingen.

Dort sah ich ihn sofort! Ich hatte schon immer das Talent, einen Raum in Sekunden zu überblicken und alle Menschen wie ein Scanner zu erfassen. Bei ihm blieb mein Blick ein paar Sekunden länger hängen als bei allen anderen. Ich sah ihn von der Seite, seine vollen Lippen nippten an einem Glas Wodka, seine stechend blauen Augen musterten den Raum, genauso wie es meinte taten. Bevor sich unsere Blicke treffen konnten, schaute ich schnell weg. Ich wollte nicht flirten. Dafür bist du nicht hier, sagte ich mir. Sowieso war ich noch nie der große Flirtprofi gewesen. Ich hatte einfach viel zu viel Schiss. Ich versuchte, mich mit den anderen Menschen im Raum abzulenken, ertappte mich aber immer wieder dabei, wie ich ihn heimlich beobachtete. Er stand auf, um zur Bar zu gehen und jetzt sah ich ihn in seiner Vollkommenheit. Er war groß und hatte unglaublich breite Schultern, die sich unter seinem lässig-leichten Pulli abzeichneten. Die Länge seiner Beine hätte jede Frau neidisch gemacht.

Mit zwei Drinks in der Hand entfernte er sich wieder von der Bar und kam direkt auf mich zu. Mein Herz blieb stehen. Blut schoss in meinen Kopf. Ich dankte dem Barkeeper, dass er in diesem Augenblick das Licht noch einmal dimmte.

»Hello, I'm Felix from Germany. Where are you from?«, fragte er mich und lächelte zuckersüß. Ich sah durch seine vollen Lippen eine kleine Zahnlücke, die mich fast um den Verstand brachte. Mich überkam der flüchtige Gedanke, wie ich langsam meine Zungenspitze durch diese kleine Zahnlücke gleiten ließ. Ich zwang mich zu neutralen Gedanken – in Anbetracht eines so schönen Mannes fast unmöglich – und antwortete so lässig wie möglich: »Hi Felix! Nice to meet you. I'm Lola from Germany, too.« Wir mussten beide über meinen Gag lachen und das Eis war gebrochen. Den ganzen Abend unterhielten wir uns angeregt und ich hatte zuvor nie so intensive Gespräche mit einem vollkommen fremden Mann geführt. Wenn er lachte, blitzte immer wieder diese verführerische Zahnlücke auf, die ihm einen verschmitzten Eindruck verlieh. Ich liebe diese kleinen Fehler an Menschen, die sie zu etwas vollkommen Einzigartigem werden lassen. Und spätestens da wusste ich, dass ich ihm schon total verfallen war …

Wir verabredeten uns für den nächsten Tag und als wir aufstanden und seine warme Hand meinen Rücken berührte, um mich zur Tür zu geleiten, durchfuhr mich ein warmer Schauer. Noch Stunden später spürte ich seine Hand an dieser Stelle.

Es war bei dieser einen Berührung geblieben, denn Felix tauchte am darauffolgenden Tag nicht auf. Ich konnte meine Enttäuschung darüber kaum verbergen. Ich ärgerte mich, so blöd gewesen zu sein und entschloss mich, ihn schnellstmöglich zu vergessen. Nachdem ich wieder aus San Fransisco zurück war und meinen Koffer ausgepackt hatte, fuhr ich meinen PC hoch und fand eine E-Mail von Felix in meinem Account. Daran hatte ich nicht mehr geglaubt. Er war aufgehalten worden und hatte nicht zu unserem Treffpunkt kommen können! Außerdem tat es ihm unglaublich leid, weil er den Abend mit mir wunderschön fand und hoffte, ich würde ihm eine zweite Chance geben.

Mir wurde fast schwindelig vor Glück. Immer und immer wieder las ich seine E-Mail und jedes Mal freute ich mich ein kleines bisschen mehr. Am Abend schrieb ich ihm zurück und fragte ihn, ob er nicht Lust hatte, mit mir zu chatten. Da Felix im Ausland lebte, dachte ich, sei dies vorerst die günstigste Gelegenheit, ihn näher kennenzulernen. Wir verabredeten uns für den kommenden Abend im Chatroom.

Das Ganze war nun schon über 3 Wochen her und unser Kontakt war nicht abgebrochen. Im Gegenteil: Wir chatteten stundenlang, bis spät in die Nacht. Unsere Gespräche fingen immer harmlos an: Wir erzählten uns, was wir am Tag gemacht hatten, schickten uns gegenseitig Musik und Bilder. Doch dann änderten sich die Gespräche und wir fingen an, uns unsere Gedanken und heimlichen Gelüste zu erzählen. Ich lag wie fast jede Nacht in meinem Bett, den warmen Laptop auf meinem Schoß. Alle Lichter waren gelöscht und ich starrte gebannt auf den Bildschirm.

»Ich wünschte, du wärst jetzt hier bei mir, dann könnte ich dich ein bisschen ärgern.«

»Ich fange eine Kissenschlacht mit dir an.«

»Das will ich sehen, du kleiner Schwächling. Gegen mich kommst du doch gar nicht an.«

»Denkst du! Ich stürz mich einfach auf dich. Ohne Vorwarnung.«

»Dann halt ich dich fest an deinen Handgelenken, stütz mich mit meinem ganzen Gewicht auf dich und ...«

»Ja?«

»und küsse dich ...« ...

Mein Herz blieb fast stehen. Ich war so vollkommen in unseren Chat versunken, dass ich das Gefühl hatte, er hätte mich wirklich gerade geküsst. Ich musste wieder an seine weichen, vollen Lippen und seine Zahnlücke denken. Mein Herz raste und mir wurde heiß. Bevor ich weiterschreiben konnte, nahm ich einen Schluck Rotwein. Ich brauchte nun all meine Konzentration. Und ich war bereit, mich auf sein Spiel einzulassen.

»Hmm, deine Küsse schmecken verdammt gut – mehr davon!«

»Erzähl mir, was du anhast ...«

Ich überlegte. Sollte ich ihm nun mit roten Strapsen und Nippelquasten kommen? Zu albern, dachte ich. Ich entschied mich dafür, bei der Wahrheit zu bleiben.

»Ich habe ein Top und ein Höschen an – beide ziemlich knapp. Und du?«

»Nur Boxershorts ...«

»Hört sich gut an.«

»Ich stell mir vor, dass du hier bist – in meinem Schlafzimmer. Erzähl mir, was du tun würdest.«

Er wollte es also genau wissen. *Kannst du haben*, dachte ich.

»Ich stehe bei dir im Zimmer. Du liegst auf deinem großen Bett und schaust zu mir rüber.«

»Hab ich meine Shorts noch an?«

»Ja, aber ich kann eine große Beule zwischen deinen Beinen sehen. Deinen Schwanz erahnen ... das macht mich total an.«

»Hmmm.«

»Ich stehe also bei dir im Zimmer, schaue dich an und bewege mich zur Musik. Langsam gehe ich auf dich zu und streife mir dabei mein Shirt ab. Und an der Reaktion zwischen deinen Beinen kann ich sehen, dass es dir gefällt.«

»Hey!«

»☺«

»Kommst du näher?«

»Ja, ich stehe jetzt fast vor dir. Kann von oben auf dich herabschauen, wie du in deinem Bett liegst. Du willst mich anfassen, aber ich entziehe mich deinen Armen. Langsam lasse ich mein Höschen nach unten gleiten. Ich stehe nackt vor dir, streichle meine Brüste. Nur für dich. Fahre mir langsam mit der Hand zwischen die Beine. Ich streichle meine Muschi.«

»Wow! Gib mir mehr davon!«

»Ich setze mich zu dir aufs Bett und streife dir deine Boxershorts ganz langsam ab. Ich sehe, dass dein Schwanz hart ist. Ich beuge mich über dich, aber ich berühre dich nicht. Dann berühren meine harten Brustwarzen deinen Bauch. Ich streife mit ihnen über deinen Oberkörper und sie werden immer härter.«

»Babe, du machst mich an. Ich bin wirklich hart.«

»Ich bewege mein Becken auf und ab. Ganz langsam. Fast unerträglich langsam. Ich berühre mit meinen Schamlippen dein Bein und du kannst spüren, wie unglaublich feucht ich bin.«

»Ich will, dass du jetzt hier bist!«

»Ich beuge mich weiter zu dir hinunter, lecke dir über deine Lippen und fahre mit meiner Zunge langsam, aber immer drängender zwischen sie. Jetzt berühre ich deine Zahnlücke und dringe immer weiter in deinen Mund ein. Gleichzeitig berühre ich mit meiner Muschi deine Schwanzspitze. Sie wird ganz nass und glänzend.«

»Ich zittere vor Geilheit.«

»Ich nehme deinen Schwanz in meine Hand, lass schrecklich langsam deine Vorhaut zurückgleiten. Du stöhnst unter meinen Küssen. Ich nehme deinen Schwanz fester in die Hand, führe ihn zu meiner Möse und bewege ihn zwischen meinen Schenkeln hin und her. Deine Schwanzspitze berührt meinen Kitzler.«

»Du machst mich fertig.«

»Langsam – unglaublich langsam – lass ich zu, dass du in mich eindringst. Tiefer und tiefer.«

»Babe ...«

»Ich bewege mich auf und ab, mein Becken schaukelt rauf und runter. Dabei werde ich immer schneller. Ich drücke dein Gesicht an meinen Busen, damit du meine Nippel lecken kannst.

Ich bin so heiß, dass ich es kaum noch aushalte. Ich werde immer schneller, meine Bewegungen werden immer heftiger. Du kommst mir mit deinem Becken entgegen, mit festen, kleinen Stößen. Ich stöhne dir ins Ohr, wie heiß ich dich finde.«

»Und ich finde dich heiß.«

»Du umfasst mein Becken, unsere Bewegungen werden immer schneller, bis wir es nicht mehr aushalten. Wir stöhnen beide laut.«

Pause. Ich hatte mich in einen Wahn geschrieben und war dabei tatsächlich feucht geworden. Mein Unterleib kribbelte und ich schwitzte.

»Felix ... bist du noch da?«

»Babe, ich bin gerade so was von gekommen. Gott, bist du heiß.«

Ich musste lachen. Das war mein erstes Mal mit Felix und ich hatte ihn allein durch meine Worte angemacht. *Warte ab, mein Lieber, bis wir wirklich nebeneinanderliegen,* dachte ich und schob meine Hand unter die Bettdecke.

Die 3. Geschichte vom besten Sex

BORDSTEINSCHWALBE

Catharina (25), Studentin, Hamburg
über
Christian (28), Student, Hamburg

Manchmal habe ich das Gefühl, mein Leben besteht zum Großteil aus Vorspielen – Zustände des freudig erregten Wartens auf ein bevorstehendes Ereignis. Weihnachten, Geburtstage, Sommerferien – und Sex.

Leider verhält es sich in den meisten Fällen so, dass die Erwartungen an die bevorstehenden Highlights proportional zur Dauer der Warteschleife, in der man sich befindet, steigen. Die Folgen sind: 1. Das Nichteintreten der erhofften Erfüllung und 2. Ein spurloses Vorbeiziehen der Gegenwart. Will heißen: Man kriegt nichts mit, weil man nur wartet, bekommt nicht die Erfüllung, die man sich vorgestellt hat und ärgert sich zusätzlich, dass man nichts mitgekriegt hat.

So ging es mir bisher auch mit meinen Liebhabern – die Erwartungen waren groß, das Vorspiel dauerte und dauerte (manchmal sogar so lange, dass ich vor Langeweile den nächsten Tag planen konnte) und wenn es endlich zur Sache ging, konnte niemand mehr den vorher meterhoch aufgetürmten Erwartungen entsprechen. Das Ganze war schlicht zum Scheitern verurteilt.

Das Schlimmste an der ganzen Sache: Ich dachte, dass das Problem ausnahmsweise mal nicht beim männlichen Part lag. Gedanken wie »... schraub deine Erwartungen nicht so hoch ... einfach mal den Moment genießen ... aber wie? ... vielleicht hilft Yoga ... Tai-Chi ... sollte man mal ausprobieren ... ja, gute Idee ... direkt nächste Woche anmelden ... das kann ja so nicht weitergehen ...«, vernebelten mein Gehirn, und ich drohte, mal wieder im nächsten Erwartungssog zu versinken.

Aus diesem Grund konnte ich lange Zeit – und nicht gerade mit Stolz erfüllt – von mir behaupten, noch nie einen Orgasmus gehabt zu haben. Von schlechtem Sex und peinlichen Momenten danach, in denen ich zu Bewertungen eben dieses schlechten Sex aufgefordert wurde und dabei immer versuchte, einen Gesichtsausdruck glücklich befriedigter Entzückung aufzusetzen, konnte ich Lieder in Endlosschleife abspielen.

Umso prägender war deshalb diese eine Nacht im September, in der ich live und in Farbe miterlebte, was Menschen meinen, wenn sie von gutem Sex sprechen.

Ich war mit meinem damaligen Freund seit gut eineinhalb Jahren zusammen. Unser Liebesleben ließ sich als »eher durchschnittlich« beschreiben – und wir alle wissen, dass man das nicht als Kompliment werten kann. Nach anfänglichen, verliebtheits- und schüchternheitsbedingten Holprigkeiten im Bett, folgte die Phase des Aufeinandereingehens und Entdeckens. Diese wurde abgelöst von einem kurzen Intermezzo des Ausprobierens (mal vermeintlich unkonventioneller Orte wie der Dusche oder des Autorücksitzes) und endete schließlich in der Routinefickphase. Was, zugegeben, angesichts der Kürze unserer Beziehung verfrüht war (wie mir von diversen Freundinnen bestätigt wurde). Ein Grund mehr für mich, noch höhere Erwartungen an mich, an unsere Beziehung und an unser Routinefickverhalten zu stellen. Wenn schon Routine, dann wenigstens qualitativ hochwertige! Die Folge: Auf ein Rumgezicke folgte das nächste und ich spielte mit dem Gedanken, mich zu trennen.

Nach unzähligen Gesprächen mit Freundinnen, in denen wir das Pro und Kontra meiner Beziehung ausführlich erörterten, wollte ich die Trennung als letzten Akt zwischen uns beiden endlich an besagtem Abend im September vollziehen.

Wir hatten uns zum Essen in seiner Wohnung verabredet. Meine Ankündigung, ich müsse dringend mit ihm reden, hatte die Möglichkeiten an Konversationsthemen ohnehin schon eingeschränkt – eine solche Ankündigung lässt schließlich auch bei Männern kaum Fragen offen. Mit flauem Gefühl im Magen und einem zu meiner Verfassung unpassenden, weil sexy-selbstbewussten Styling, fuhr ich am Abend mit dem Fahrrad zu seiner Wohnung. Ich fror auf dem Weg. Nicht nur mein seelischer Zustand kühlte meinen Körper auf gefühlte fünf Grad – es war der erste richtig herbstliche Abend. Ein guter Abend, um das Ganze zu beenden, dachte ich sinnentleert vor mich hin. Ich wusste nicht wirklich, warum das jetzt ein guter Abend für die Beerdigung meiner Beziehung sein sollte, aber der Gedanke beruhigte mich irgendwie.

Umso überraschter war ich, als ich die Wohnung meines Noch-Freundes betrat und er mir, gut gelaunt, ein Glas Wein anbot. Erst fühlte ich mich verarscht, dann dämmerte mir, dass es sich hier schlichtweg um einen Fall von typisch männlicher Verdrängung handeln musste. »Du«, begann ich, »eigentlich wollte ich ...«

»Jaja«, unterbrach er mich mit einem breiten Lächeln, »aber erst die Pasta!«

Verwirrt starrte ich auf das Menü, das er in diesem Moment vor mir aufbaute. Was wurde hier gespielt?

Irgendwann zwischen Hauptgang, Dessert und dem zweiten Glas Wein, wurde meine Verwirrung von einer Art Gelassenheit abgelöst. Was soll's, sagte ich mir, so ist es doch viel lustiger. Schluss machen kannst du morgen immer noch. Hab einfach noch einen unvergesslichen Abend! Und den hatten wir: Nachdem der Wein geleert war, fingen wir an, unfassbar schief zu singen und in peinlichster Art und Weise durch die Wohnung zu tanzen. Dann fanden wir, es wäre Zeit, die Welt an unserer guten Laune teilhaben zu lassen und in irgendeinen Club zu gehen.

In den frühen Morgenstunden wankten wir Richtung Heimat. In mir machte sich gerade ein wohliges Gefühl von Entspannung breit, als mein Freund stehen blieb, mich anschaute und sagte: »Ich weiß schon, was du mir heute sagen wolltest, ich fand es nur besser, wenigstens noch diesen einen Abend so stressfrei wie möglich zu gestalten. Ich meine … Stress hatten wir in letzter Zeit genug und ich habe auch schon daran gedacht, mich zu trennen …«

Wie bitte? Was erzählte er da? Zum zweiten Mal in dieser Nacht glaubte ich, im falschen Film zu sein.

»Ach komm schon, du musst doch zugeben, dass es nur noch krampfig zwischen uns ist – kein Wunder, so angespannt wie du immer bist.«

»Was? Jetzt ist das alles meine Schuld oder wie?«, entfuhr es mir. »Was soll das überhaupt: ›so angespannt wie du immer bist‹?!«

»Naja, du bezeichnest dich doch nicht etwa als locker, oder?«

»Keine Ahnung … was soll das eigentlich heißen? Definier das erst mal!«

»Zum Beispiel würdest du nie etwas tun, was irgendein Risiko mit sich bringt, was dich angreifbar macht.«

»Aha. Versteh ich nicht. Was soll das denn sein? Nein, warte. Denk dir was aus, was ich tun soll. Ich wette, ich mach's.« Ich funkelte ihn angriffslustig an. Er überlegte einen Moment.

»Okay … du würdest niemals nackt jetzt hier durch die Gegend laufen.«

»Was soll das denn bitte? Das ist doch total albern. Außerdem ist es kalt.«

»Siehst du. Du redest dich heraus. Hab ich doch gesagt.« Er zuckte mit den Schultern und ging weiter.

Ich blieb stehen, überlegte einen Moment, öffnete die Knöpfe meines Mantels, zog ihn aus und warf ihn auf den Boden.

»Siehst du!«, rief ich ihm hinterher. »Ich tu's doch!«

Er drehte sich um, sah mich überrascht an und kam langsam auf mich zu. Ich streifte mir den Pullover über den Kopf, dann mein Shirt. Ich sah ihn an. Nicht mehr fragend, erwartend oder feindselig – nur noch entschlossen, etwas zu tun, was *ich* wollte. Als ich meinen BH öffnete, über die Schultern streifte und auf den Boden fallen ließ, war ich in eine völlig neue Rolle geschlüpft – ich war jetzt diejenige, die spielte, die die Zügel in der Hand hielt.

Er stand jetzt ganz dicht vor mir, legte eine Hand auf meinen Rücken, zog mich fest an sich und küsste mich – fordernd und zärtlich zugleich. Ich entzog mich seiner Umarmung. Die Ansage war *nackt*. Ich öffnete die Knöpfe meiner Jeans, wir blickten uns ohne Unterbrechung in die Augen. Es war ein kämpferisch-leidenschaftlicher Blick, ein Blick wie man sich ihn zuwirft, wenn man sich einfach nur noch will, wenn das körperliche Verlangen nach einander so groß ist, dass es weh tut. Als auch Hose und Stiefel neben mir auf dem Asphalt lagen, drückte er mich an sich und küsste mich erneut.

Es gab dieses Mal nur ihn, mich und den Kuss. Keine Erwartungen, kein Infragestellen, keinen Druck. Ich fühlte mich wie purer Sex, nicht sexy, nicht begehrenswert, nur noch wie Sex. Während wir auf den Bordstein sanken, öffnete er seine Hose. Ich setzte mich auf ihn. Seine Hand lag in meinem Nacken, die andere umfasste meine Taille, warm und fest. Sein Mund tastete sich langsam meinen Hals herab, bis zu der kleinen Vertiefung zwischen den Schlüsselbeinen. Dort verharrte er kurz. Weiche Lippen, warmer Atem, fordernde Hände. Die Mischung machte mich wehrlos und geil. Er angezogen, ich nackt, auf einem Bordstein sitzend – eine Situation, die sich dreckig, nuttig und großartig anfühlte. »Ich will deinen Schwanz!« Mein jahrelang aufgestautes Verlangen hatte vollkommen Besitz von mir ergriffen. Ich hob meine Hüfte leicht an, tastete mit einer Hand an ihm hinab und umfasste seinen harten Schwanz. Noch nie hatte es sich so gut angefühlt, als er in mich eindrang. Ein Prickeln lief über meinen Rücken und breitete sich in meinem Körper aus. Er stöhnte leise in mein Ohr, als ich langsam begann, meine Hüfte zu bewegen. Meine Bewegung wurde immer fordernder. Zwei Körper. Lust. Nicht mehr denken, nur noch sein.

Ich hatte völlig vergessen, wo ich war. Es existierten nur noch wir beide, die wir zum ersten Mal nach eineinhalb Jahren Vorspiel eins wurden.

Ich weiß nicht, ob er wusste, was seine Herausforderung in mir bewirkte, oder ob es einfach ein Gefüge von vielen kleinen Puzzleteilen war, aber als wir die restlichen hundert Meter zu seiner Wohnung gingen, sein Arm um meine Taille, fühlte ich mich ihm so nah wie noch nie. Ich konnte mich ja auch noch nächste Woche trennen …

Die 4. Geschichte vom besten Sex

VÖGELN

Sophie (36), Autorin, Berlin
über
Buchfink (42), Musiker, Hamburg

Den besten Sex meines Lebens hatte ich mit Buchfink, den ich während eines Erstsemesterwochenendes in der Heide kennenlernte. Wir saßen in einem Kreis, hatten Post-its mit Tiernamen auf der Stirn und mussten gegenseitig raten, was wir waren.

Ich war ein Chinchilla, das hatte mir eine Textilwissenschaftsstudentin verpasst. Klar, Frauen sind immer etwas Flauschiges, Fiependes mit dicht bewimperten Glotzaugen und zuckenden Schnäuzchen. Die meisten Frauen, die ich kenne, sind aber eher geheimnisvolle Quallen, die ihre Tentakeln überall haben, wobei nicht alle giftig sind. Aber nur plüschig und harmlos ist kaum eine, und das ist ja auch gut so. Ich hasse es, wenn Frauen auf dem Niedlichkeitstrip sind, sich Schleifchen ins Haar machen und Söckchen an die Füße, sich Biggi nennen, Susi oder Dani, vor allem, wenn das auch noch Frauen in verantwortungsvollen Berufen sind! Wer geht denn für eine Wurzelbehandlung zu einer Zahnärztin, die von sich selbst glaubt, sie sei Minnie Mouse? Aber das ist ein anderes Thema.

Meine Mit-Studis hatten ihre Tiere schnell geraten. Buchfink und ich blieben übrig und gaben uns noch gegenseitig Tipps, während die anderen schon langsam zum Essen gingen. Wir hatten es nicht eilig und unterhielten uns zwischen unseren Rateversuchen, »Hab ich Pfoten?« – »Lebe ich im Wald?«, immer wieder sehr nett.

Den Buchfink hatte sich ein Nerd im Nickipulli ausgedacht, von dem ich nur noch weiß, dass er ein Faible für Käsesuppe hatte und versuchte, mir beim Abspülen an die Brüste zu fassen.

Wie symbolisch das Tier war, das er für Buchfink gewählt hatte, konnte der Nerd natürlich nicht wissen, denn Buchfink, das stellte sich bald heraus, hatte zwei Leidenschaften: Bücher und vögeln. Eine gute Mischung.

Erstens kann man dann miteinander sprechen, wenn man gerade einmal nicht übereinander herfällt, was angenehmer ist, als stumm nebeneinander zu liegen und sich aus Langeweile die Schamhaare einzeln auszurupfen. Und zweitens ist der Spruch, dass dumm gut fickt, absoluter Blödsinn. Nichts auf der Welt klappt besser mit weniger Hirn – das weiß man spätestens seit Frankenstein. Mit einer Gehirnhälfte zu vögeln, bringt's schon mal gar nicht, denn je mehr Lämpchen da oben brennen, desto mehr kann man gleichzeitig tun: fummeln und stoßen, knutschen und reden, stöhnen, atmen, kichern, seine Bandscheiben schützen, die brennenden Kerzen im Auge behalten und ans Eintüten denken.

Buchfink hatte ein Haarnest auf dem Kopf, das in alle Richtungen abstand. Er war mittelgroß, schlank und relativ still. Dass ich wohl doch nicht auf große laute Partylöwen stehe, war das Erste, das ich bei ihm lernte. Dass graue Augen das Schönste überhaupt sind, brauchte ich nicht erst zu lernen, das wusste ich sofort, als ich seine sah. Was immer Buchfink bis zu diesem Wochenendtrip in seiner Freizeit gemacht hatte, es musste mit Ficken und Blättern zu tun gehabt haben, denn bei beidem kannte er sich aus, ohne es vor sich herzutragen.

Ich war unerfahren, bis auf die Erlebnisse mit einem als Wiese verkleideten Mann aus Delmenhorst (da war gerade Karneval) und einem ungeschickten Referendar, der zu stottern anfing, als es zur Sache ging. Außerdem gab es noch einen unappetitlichen Moment mit einem Orthopäden sowie einige sehr schöne Nächte mit sehr schönen Frauen.

Unerfahren heißt in meinem Fall: nicht ungefickt, aber ungevögelt.

Der große Höhenflug war bisher nicht dabei gewesen (die Mädels mal ausgenommen, an dieser Stelle grüße ich herzlich P. aus K., du scharfe Schnute) – mit Männern war alles eher Geiersturzflug. So etwa mit dem Orthopäden, der ein Ego wie ein Wasserkopf hatte und mir im Bett berichtete, er habe seine erste Freundin siebenmal in einer Nacht zum Orgasmus gebracht, während er es bei mir noch nicht mal halbherzig versuchte.

Buchfink brachte mir hingegen einige entscheidende Dinge über Sex bei.

1.) Es gibt keinen anständigen und unanständigen Sex. Ich hatte bis zu diesem Moment immer gedacht, es gebe die saubere romantische Nummer mit Kerzenschein und Süßholzraspeln und dem gemeinsamen Milchkaffee am nächsten Morgen. Und dann die verferkelten Sachen, die man höchstens mal mit jemandem macht, den man nachher nie wiedersieht.

Ich lag gerade zwanzig Minuten nackt in Buchfinks Armen, da hatte ich seine Zunge auf der Klit und seinen Finger im Po. Und wenig später auch noch einen zweiten Finger in der Muschi. Mir ist das ja bis heute anatomisch nicht ganz klar (das hätte ich mal den Orthopäden fragen sollen), aber Buchfink konnte, wenn er mich beim Oralsex mit Daumen und Mittelfinger in Möse und Arsch fickte, beide Finger gegengleich bewegen. Dass Männer nicht multitaskingfähig sind, wäre damit also widerlegt. Man muss ihnen nur einen Anreiz geben – eine tropfnasse heiße Spalte zum Beispiel, mit einer wimmernden und fiependen Frau daran. Hiermit möchte ich mich auch bei der Textilwissenschaftsstudentin entschuldigen, dass ich ihr Tier für mich so blöd fand, denn möglicherweise habe ich tatsächlich gefiept wie ein Chinchilla, und möglicherweise habe ich auch mit dem Schnäuzchen gezuckt, als es mir kam. Buchfink zumindest behauptet das.

2.) Peinlich ist nix. Fand Buchfink. Da hatte er recht. Finde ich. Die Pupsgeräusche, wenn man auf allen vieren gevögelt wird und sich dann wieder umdreht zum Beispiel. Ja mein Gott. Den Speichelfaden am Kinn – geschenkt. Das sinnlose Gestammel und hysterische Gekicher. Die Schweißränder in den Falten der Speckröllchen. Das Knacken der Knie, das Kreischen, wenn man zufällig an eine kitzlige Stelle kommt, das Schmatzen, wenn sich zwei aneinandergepresste Bäuche gegenseitig vakuumiert haben. Aus dem Bett zu plumpsen, weil man an das Kondom auf dem Boden nicht rankommt, die Nachttischlampe dabei umzureißen und sich am heißen Schirm zu verbrennen, mittendrin von der im Bett schlafenden Katze angefallen zu werden oder die bequeme Sportunterwäsche – schnurz. Wer einen perfekten Körper ficken will, soll sich eine Plastikpuppe suchen.

3.) Man darf sich dabei selbst anfassen. Buchfink fasste sich ständig an, wenn er erst mal nackt war. Er zwirbelte seine Brustwarzen, kratzte und streichelte sich und machte mit jeder Geste klar: alles meins. Das hab ich mir schnell abgeguckt. Was hatte ich bei dem stammelnden Referendar darauf gewartet, dass er mal meine Klitoris reibt, während sein Schwanz in mir war, aber auf die Idee kam er gar nicht. Und als ich es dann vorsichtig anregte, und ich bin im Bett immer exorbitant höflich, zuckte er zusammen, und nichts ging mehr. Und der unappetitliche Orthopäde hatte meine Hand sogar weggeschoben, als die rein zufällig auf meiner Brust gelegen hatte, und dabei leicht beleidigt gesagt: »Lass mal, ich mach schon.« Das ist doch bescheuert. Ich meine, was ist besser als warme geröstete Cashewnüsse? Warme geröstete Cashewnüsse mit Chili-Käse-Knuspermantel. Und einem Glas

Prosecco dazu. Und einem Kaminfeuer. Und einem tropfnassen Bülent Ceylan, der gerade aus der Dusche kommt und sich mir in einem flauschigen weißen Bademantel vor die Füße wirft – aber ich schweife ab.

Was immer man an Ressourcen hat, sollte man auch einsetzen, um den Genuss zu erhöhen. Puristin kann man ja beim Einrichten sein oder beim Tischdecken, aber beim Ficken? Da gilt doch wohl: je mehr Hände an je mehr Stellen, desto besser. Seitdem knete und streichle, masturbiere und kneife ich mich beim Sex wohlig, wo immer es mich gelüstet.

4.) Alles braucht einen Namen. Dass es saugeil ist, über Sex zu sprechen, wusste ich zu diesem Zeitpunkt zwar schon eine ganze Weile, hatte es aber in der Praxis nie so richtig umsetzen können. Der Referendar stotterte, der Orthopäde schnappte direkt ein, und der als Wiese Verkleidete blühte nur still vor sich hin, sagte eigentlich nie was, selbst als ich ihm aus Versehen beim Blasen mit den Zähnen an die Eichel kam.

Mit Buchfink spielte ich an diesem Abend das Post-it-Raten weiter. Wir klebten, als wir uns zwischendrin mal ausruhten, ein Post-it auf einen Körperteil, und der andere musste raten, wie wir das Dings da unten, da hinten oder da vorn benannt haben wollten. Männer sind da ja sehr pragmatisch. Die meisten, die ich später kennenlernte, bevorzugten ein schlichtes »Schwanz« für ihr bestes Stück. Da muss man sich nicht viel merken. Ich finde »Muschi« nett oder »Möse«, und wenn jemand »Fötzchen« sagt, werde ich fast augenblicklich feucht. Bei »Titten« aber zieht sich alles in mir zusammen. Das klingt teigig und billig, schwabbelig und euterartig. Als wir dann wussten, wie wir was nennen wollten, trieben wir es ein letztes Mal, jetzt mit Untertiteln in meiner Lieblingsposition auf allen vieren mit Anfassen, Reden und allem.

Anschließend erzählte ich ihm im Dunkeln, was ich noch nie jemandem erzählt hatte, dass ich nämlich Kunstgeschichte just for fun studierte, weil ich Kunst toll finde, aber eigentlich schreiben wollte, also hauptberuflich und am liebsten über Sex, weil Sex und Bücher die beiden Sachen sind, die mich am meisten interessieren. Und Buchfink sagte, dass ich ja dann später, falls ich berühmt würde, meine Biographie *Von hinten mit reden* nennen könnte, oder einfach nur *vögeln*. Das gefiel mir dann auch besser.

Der Sex mit Buchfink war sicher nicht der ungewöhnlichste, aber es war der überraschendste, denn es war das erste Mal, dass es mit einem Mann richtig gut war. Sex, wie er sein kann. Dafür klebte ich ihm, während er noch schlief, ein Post-it mit meiner Telefonnummer auf die Stirn.

Die 5. Geschichte vom besten Sex

LILAC

Lena (27), Dekorateurin, Berlin
über
Sheila (29), Spa-Managerin, Berlin

Wenn ich andere Frauen ansehe, schaue ich nicht lüstern. Nicht verliebt und auch nicht neidvoll. Eher bewundernd. Genauso wie ich in ein Louboutin-Schaufenster blicken oder eine kunterbunte Modigliani-Zeichnung bestaunen würde. Ähnlich erging es mir mit Sheila. Als ich ihr zum ersten Mal begegnete, hievte sie eine weiße Plastiktüte voller Lebensmittel vor mir die Haustreppe hoch. Die zehn Zentimeter hohen Absätze ihrer Plateau-Stiefel erzeugten dabei ein erschöpftes »Klack klack klack« auf dem Holzboden und ihr runder Po wippte gemächlich auf und ab. Zuerst fielen mir ihre sanften Rundungen, ihr leicht gewelltes, dunkles Haar und das olivfarbene Braun ihrer Hände auf. Sie war eine Sophia Loren-Frau. Üppig, rassig, so ganz anders als ich.

Es dauerte zehn Treppenstufen bis der Kunststoffbeutel in zwei Hälften riss und Milch, Paprika und Safttüten zu Boden fielen.

»Merda!«, fluchte Sheila und fasste sich an den Kopf.

»Warte, ich mach das«, entgegnete ich und sammelte die Lebensmittel vom Boden auf.

»Danke! Das ist lieb.« Meine Geste dankte sie mir mit einem breiten, weißen Lächeln, das wie ein leuchtender Halbmond aus ihrem makellosen Gesicht hervortrat.

»Kein Problem.«

»Ich bin erst gestern eingezogen und frag mich jetzt schon, wie ich ohne Aufzug klarkommen soll.«

»Dafür gibt's schließlich nette Nachbarinnen.«

Wir schleppten ihre Einkäufe mit vereinten Kräften in den fünften Stock und sie öffnete ihre Wohnungstür. Dahinter stapelten sich ungeöffnete Kartons mit italienischen und deutschen Aufschriften, wie »Cucina«, »Bagno« und »Zeugs«. Beherzt trat Sheila eine der Kisten zur Seite und machte uns so den Weg zur Küche frei. Ächzend ließen wir alles auf die Anrichte fallen und fingen spontan an zu lachen.

»Hat es dich direkt von Italien in den x-ten Stock verschlagen?« fragte ich.

»Nein, nein. Ich lebe schon ewig hier. Aber vor zwei Wochen hat mein erster eigener Spa eröffnet und ich wollte eine Wohnung, von der ich's nicht weit zur Arbeit habe.«

»Wow! Ein Spa? Ein bisschen Wellness könnte ich jetzt auch vertragen.« Kaum hatte ich es ausgesprochen, biss ich mir fest auf die Zunge. Ich wollte nicht unverschämt wirken und schon gar nicht so, als ob ich mich selbst einladen würde. Aber zu spät.

»Wie wäre es, wenn ich die Schlepperei mit einer Massage wiedergutmache?«

»Quatsch! Nicht nötig!«

»Doch. Das mach ich gern! Ich suche eh noch jemanden, der meine Anwendungen kritisch beurteilt.« Ihr entschlossener Gesichtsausdruck und die schwarze Visitenkarte, die sie mir im nächsten Moment in die Hand drückte, ließen mir keine andere Wahl.

»Okay. Wann passt es dir?«

»Wie wär's mit heute Abend? Ich brauche sowieso einen spontanen Vorwand, um meine Kisten noch nicht auspacken zu müssen.«

»Einverstanden.«

Als ich Sheilas Haustür hinter mir zuzog, freute ich mich wie ein kleines Kind. Meine letzte Massage hatte ich mir gegönnt, als mich mein schicker, aber wenig rückenfreundlicher Ikea-

Schreibtischstuhl mal wieder seinen Tribut gefordert hatte. Und die darauffolgende Behandlung hatte mir eher Schmerzens- statt Freudentränen in die Augen getrieben.

Diese Massage war hingegen purer Luxus. Und ich musste nicht mal die Kreditkarte dafür zücken!

Während die fette, pomelofarbene Abendsonne tief am Himmel hing, duschte ich mich und schlüpfte in meinen türkisfarbenen Lieblingsjogginganzug. Ich wollte Sheila gefallen. Wahrscheinlich nur deshalb, weil sie mit ihren Colaflaschenkurven, den cremefarbenen Nägeln und ihrem perfekt dosierten Hauch von Rouge Eindruck bei mir hinterlassen hatte. Obwohl mir nicht wirklich danach war und mir mein Aussehen bei jedem anderen egal gewesen wäre, legte ich ein bisschen Puder, Mascara und Gloss auf. Gänzlich ungeschminkt wollte ich mich meiner neuen Nachbarin merkwürdigerweise nicht präsentieren.

Nach ein paar Minuten zu Fuß erreichte ich die Adresse, die auf Sheilas Visitenkarte stand. Das Gebäude wirkte mit seinen hohen, abgerundeten Fenstern und der abgegriffenen Steinfassade eigentlich nicht anders als der Altbau, in dem ich wohnte. Nur ein quadratisches, schwarzes Lackschild mit den geschwungenen Lettern »Lilac« wollte nicht recht zum abenteuerlich heruntergekommenen Rest des Hauses passen. Ich stemmte mich gegen die schwere Holztür und folgte der Beschilderung bis in den hinteren Teil des Erdgeschosses. An einer zweiten Tür mit dem Hinweis »Lilac – Beauty & Spa« schellte ich. In dem Moment, als mit einem leisen Summen geöffnet wurde, erklärte sich mir Sheilas Namensgebung für ihren Spa: Ein dunkler Holzboden kontrastierte mit pflaumenfarbenen, hohen Decken. Links und rechts von mir thronten zwei schwere Sideboards, die dicke, violette Kerzen, Räucherstäbchen und silberfarben lackierte Muscheln trugen.

»Willkommen im Lilac – dem Grund für meinen Umzug.« Sheila hatte Jeans und Stiefel in der Zwischenzeit gegen eine Art lavendelfarbene Krankenschwesternuniform und strassbesetzte Flip-Flops getauscht. Ihr Haar hatte sie zu einem seriösen Knoten gebunden und erst jetzt fiel mir auf, wie beneidenswert gutaussehend sie eigentlich war.

»Gib mir deine Jacke und folge mir«, sagte sie, als sie nach meinem Mantel griff und sich bei mir einhakte. Wir ließen das Entree hinter uns und betraten einen kleinen, schummrig beleuchteten Raum, in dem sich der Duft von Räucherstäbchen und Zitronengras verdichtete.

»Ich lass dich kurz allein. Dann kannst du dich ausziehen und es dir auf der Liege bequem machen.«

»Äh ... soll ich mich komplett ausziehen oder BH und Slip anlassen?« Ich kam mir bescheuert vor. Unbeholfen wie ein kleiner Hund.

»Zieh bitte alles aus.« Sheila lächelte beruhigend und verließ das Zimmer. Während ich mich noch über meine überflüssige Frage ärgerte und mir gedanklich mit der Hand gegen die Stirn schlug, zog ich mich aus und legte mich bäuchlings auf die Massageliege. Das Badetuch, das Sheila offenbar für mich bereitgelegt hatte, zog ich mir über den blanken Po, um nicht gleich alles preisgeben zu müssen.

»Fertig?« Sie kam wieder herein, stellte sich neben mich und strich das Badetuch an meinem Steiß glatt. Dann konnte ich hören, wie sie etwas Öl zwischen ihren Händen anwärmte.

Sie machte ein paar Schritte vorwärts und berührte meine Schultern. Ich spürte ihre weichen Hände und das warme, fast schon heiße Öl auf meiner Haut. Mit den ersten beherzten Berührungen stellten sich mir die Körperhärchen auf und auf meinem Rücken breitete sich von einer auf die andere Sekunde Gänsehaut aus.

»Wie peinlich«, dachte ich. Aber Sheila schien die Reaktion meines Körpers erst recht zu animieren und sie knetete leidenschaftlich drauflos. Ihre Handinnenflächen fuhren über meine Schulterblätter und glitten dann langsam die Wirbelsäule hinab. Sie massierte meinen Steiß und strich in kreisenden Bewegungen über meinen Po. Alles erschien mir richtig. Normal.

Dann sagte sie: »Weißt du eigentlich, dass du einen wunderschönen Körper hast?«

Weil mir keine passende Antwort einfiel, sagte ich nichts.

Dann plötzlich schob sie sachte meine Beine auseinander und fing an, die Rückseite meiner Oberschenkel zu kneten. Sheilas Hände wanderten hinab zu meinen Kniekehlen, um sich gleich darauf wieder in Richtung Po hochzuarbeiten.

»Alles normal«, redete ich mir beruhigend zu und schloss meine Augen fester.

Doch plötzlich schienen Sheilas Fingerspitzen meinem Schritt bedenklich nahe zu kommen, und mein Herz fing wie wild an, zu hämmern.

Ich machte Anstalten, meine Beine schützend zusammenzupressen. Aber irgendetwas hinderte mich daran. Die unverhoffte Nähe gefiel mir und Sheilas zarte, schmale Finger zwischen meinen Schenkeln fühlten sich nicht nur gut, sondern richtig an.

»Du bist wirklich sexy!« Sheila seufzte und ich hörte, wie sie mehr Öl zwischen ihren Händen verteilte.

Ihre Finger machten da weiter, wo sie aufgehört hatten. Doch dieses Mal bremsten sie nicht vor meinen Schamlippen ab, sondern fuhren sachte darüber. Ich hielt die Luft an, versuchte mich aber wieder zu beruhigen. Sheila streichelte meine linke Lippe, dann die rechte und tastete sich schließlich zu meinem Kitzler vor. Das Öl schien inzwischen eins mit ihren Händen geworden zu sein und ihre Berührungen waren plötzlich überall.

Irgendwann konnte ich mich nicht mehr zurückhalten und stöhnte leise auf. Sheila antwortete mit einem Seufzer und schnelleren, rhythmischen Bewegungen. Ihre Finger – ich konnte nicht mehr zuordnen, wieviele es waren – rieben sanft über meine Spalte und meine Klit. Zuerst von oben nach unten, dann von links nach rechts. Ich spürte ihr Becken, das sie seitlich gegen meinen Oberschenkel presste. Dann kletterte sie auf das Ende der Liege und beugte sich über meine Beine. Dabei berührte mich ihr weicher Busen und ich spürte ihren warmen Atem auf meiner Haut. Während ihre eine Hand meinen Schritt massierte, streichelte sie mit der anderen meine Pospalte. Es schien, als wäre es im Raum glutheiß geworden und ich hatte das Gefühl, sofort platzen zu müssen. Irgendwann konnte ich nicht mehr. Meine Zehen verkrampften sich und ich umklammerte mit den Händen die Liege unter mir. Meine Gedanken rasten. Dann stöhnte ich laut auf.

Eins, zwei, drei.

Nach ein paar Sekunden konnte ich wieder einen einigermaßen klaren Gedanken fassen.

Und jetzt?, fragte ich mich unter Herzklopfen und mit feuchten Händen.

Ich hatte vorher noch nie Sex mit einer Frau gehabt und ich hatte keinen Schimmer, wie ich mich verhalten sollte. Doch anstatt eine Revanche einzufordern, massierte Sheila einfach weiter. So als wenn nichts Außergewöhnliches vorgefallen wäre. Sie knetete meine Unterschenkel, meine Füße und meine Zehen.

»Ist der Druck so angenehm?«, fragte sie mich, als wenn wir gerade erst begonnen hätten.

Ich schaute mich verdutzt zu ihr um. Sie antwortete mit einem vielsagenden Augenzwinkern und fragte dann: »Hättest du Lust, morgen Abend etwas trinken zu gehen? Du weißt schon – ich brauche einen Vorwand, um mich vorm Auspacken zu drücken.«

Nach diesem Abend wurden wir Freundinnen. Doch das Lilac sah ich nie wieder von innen.

Die 6. Geschichte vom besten Sex

ROADTRIP

Linn (27), Redakteurin, Köln
über
Tobias (30), Sport- und Fitnesskaufmann, Duisburg

Ein Roadtrip? Vier Wochen? Nur wir beide? Wie viel darf ich einpacken? Wo sollen wir bitte schlafen? In einem VW-Bus? Puh …

»Ja, das wird super«, sagte Tobias und wedelte mit einem Stapel Straßenkarten und dem Bild unserer Bleibe für die nächsten Wochen – ein verrotteter VW-Bus, der lustig bemalt war und deshalb, allen Widrigkeiten zum Trotz, immer wieder von abenteuerlustigen Backpackern gemietet wurde, um das Land der Koalas und Kängurus zu erkunden. Gut, ich gebe zu, die Sache mit den Tieren entfachte in mir tatsächlich den Wunsch, mich ins Abenteuer zu stürzen und – ja, ich weiß, ich bin ein Mädchen – so ein süßes Ding einfach mal aus der Nähe zu sehen und zu streicheln. Die Aussicht auf diese einzigartige Begegnung Mensch vs. Tier ließ mich fast ein wenig voreilig alle Bedenken beiseiteschieben und nach der dritten Internetseite über die einheimische Tierwelt Australiens begeistert rufen: »Wann geht's los?«

In freudiger Erwartung unserer Zweisamkeit in der Wildnis packte ich selbstverständlich eine gute Auswahl an Dessous, ein paar meiner Lieblingstoys und Gleitcreme ein. Mückenspray und Zahnbürste vergaß ich hingegen zu Hause, aber wer schlägt sich schon mit solchen Nebensächlichkeiten herum, wenn es gilt, ein Abenteuer zu erleben? Ein Abenteuer, das auf den ersten Blick zwar nicht prickelnd erotisch zu sein schien. Aber auch aus provisorischen Campingplätzen am Straßenrand, der Morgentoilette im Busch und dem abendlichen Dinner mit Stirnlampe statt samtenem Kerzenlicht würde sich doch etwas zaubern lassen – dachte ich.

Meine Libido dachte allerdings anders. Die Libido meines Freundes dachte wiederum anders.

Denn die dachte so wie immer: Sex ja, und das bitte so oft wie möglich und wann und wo auch immer.

Und so wachte ich schon auf dem ermüdend langen Nachtflug ins Reich der Road Trains aus dem Reich der Träume auf, weil jemand an mir herumgrabbelte. Mein Freund Tobias konnte nicht schlafen und beschloss, dass die Zeit am besten mit Sex auf der Flugzeugtoilette zu überbrücken sei. Ein Stoff, aus dem sicher die eine oder andere erotische Fantasie gestrickt ist. Meine Pornovorlieben beschäftigten sich allerdings auch schon vor diesem Flug eher mit harten Tatsachen in Räumen, in denen Platz keine Mangelware ist. Und da der Flug schon einige Stunden andauerte, waren die Örtlichkeiten, die mein Freund mit mir aufsuchen wollte, nun auch nicht mehr die anregendsten.

Meine Libido ist da sehr empfindlich. Sobald die Umstände nicht passen, zieht sie sich zurück und lässt sich auch mit dem von mir so geliebten Kitzeln von Tobias' Bart an meinem Hals nicht wieder hervorlocken. Dass die Libido meines Freundes immer in der ersten Reihe kämpft und durch nichts zu erschüttern ist, erwähne ich nur der Form halber. Irgendwo habe ich mal gelesen, dass Männer Sex zum Entspannen brauchen und Frauen Entspannung, um Sex zu haben. Wie wahr.

Die unfreundliche Stewardess, das Flugzeugessen, die trockene Luft in der Maschine. Ich könnte zahlreiche Dinge aufzählen, die in diesem Moment dazu beitrugen, dass ich nicht die Lust verspürte, Tobias' Schwanz an dem Ort in mich eindringen zu lassen, wohin mein dicker und schwitzender Sitznachbar eben noch für eine halbe Stunde verschwunden war.

Ich vertröstete ihn auf unsere erste Nacht in freier Wildbahn und malte kunstvoll ein fantastisches Traumbild unserer erotischen Begegnung im klapprigen VW-Bus. Ich legte meine Hand unauffällig in seinen Schritt und flüsterte ihm ins Ohr, was ich anziehen würde, wenn ich mich in, an und auf unserem Camper seinem Schwanz widme und ihn mit Blick auf den Sonnenuntergang massiere.

Tobias gurrte bei der Vorstellung, sich unter freiem Himmel ungestört endlich wieder ausgiebig mit mir und meinem Po – der macht ihn rasend – beschäftigen zu können, und ich war froh, dem Tête-à-Tête auf der Flugzeugtoilette entkommen zu sein.

Als wir unseren VW-Bus abholten, ahnte ich bereits, dass das Bild, das ich noch im Flugzeug in den schillerndsten Farben gemalt hatte, wohl eher eine Schwarz-Weiß-Version werden würde. Glücklicherweise hatte ich mein Desinfektionsspray eingepackt und ignorierte Tobias' rollende Augen, als ich das Innere unserer vermeintlichen Spielwiese für die nächsten Wochen erst mal einer gründlichen Sprühkur unterzog. Koalas hin oder her, das hier war wirklich eine Herausforderung. Meine Libido verzog sich kopfschüttelnd in die hinterste Ecke.

Bisher hatte ich Tobias noch nicht verraten, was ich alles für uns und unsere Zweisamkeit eingepackt hatte. Zum Glück! Denn schon beim ersten Anblick des schnuckeligen VW-Busses, wie Tobias ihn nannte, schwebte das Damoklesschwert mit Namen Sex über meinem Kopf.

Unser Camper war übrigens mit einem großen Bild der Doors bemalt, was ich sehr treffend fand, hatte ich doch einige meiner geilsten Erfahrungen mit Männern zur psychedelischen Musik dieser Band gemacht. Und nun? Nun stieg ich in unser The Doors-Mobil ein und überlegte fieberhaft, wie ich meine Libido austricksen und es irgendwie schaffen konnte, den Roadtrip durch dieses riesige Land auch zum Roadtrip von Tobias Händen auf meinem Körper werden zu lassen. Es war also nicht ganz uneigennützig, als ich im Supermarkt beim Anblick des dritten Sixpacks Bier, das Tobias zu den fünf Flaschen Wein in den Wagen packte, zustimmend nickte. Alkohol wirkt enthemmend. Das galt auch länder- und kontinentübergreifend. Der Plan war gereift und musste nur noch in die Tat umgesetzt werden. Voll bepackt mit Einkäufen für die nächste Woche im Outback stapften Tobias und ich zurück zu Jim Morrison & Co. und fuhren los.

Der folgende Zwischenfall beim Einpacken der Einkäufe zauberte einen Ausdruck auf Tobias' Gesicht, den ich nur zu gut kannte. Normalerweise reichte dieser Blick, um mir einen Schauer über den Rücken zu schicken, der in einem wohligwarmen Gefühl in meiner Muschi endete. Und wenn er mich dazu noch mit seiner Hand auf meinem Po an sich zog, um meinen Hals zu küssen, war es schon um mich und meine Libido geschehen. Die stand dann nämlich längst weit vorne und feuerte mich an. Dann fielen wir meist in Sekundenschnelle übereinander her und überließen seinem pulsierenden Schwanz und meiner feuchten Muschi die Hauptrollen.

Aber damals, in jenem Augenblick, machte mir Tobias' Blick eher Angst, als dass er mich in Erregung versetzte. Denn ich wusste ja genau, woran er dachte. Beim Einpacken der Einkäufe war eine Tüte umgekippt und als ich alles wieder einsammelte, konnte er einen Blick auf meinen String unterm Rock erhaschen, der irgendwie doch etwas zu kurz geraten war.

Manchmal beneidete ich Tobias. Er kann immer, will immer und am liebsten überall. Und wenn es soweit ist, bekommt er immer diesen Tunnelblick und sieht nur noch mich und meinen Körper. Brust, Muschi, Arsch. Die heilige Dreifaltigkeit der erotischen Begegnung. Ich hingegen habe große Schwierigkeiten mich nur auf eine Sache – ihn – zu konzentrieren. Völlig belanglose Dinge schleichen sich in meinen Kopf und lenken mich von der Hauptsache ab: mich einfach meiner Lust hinzugeben, seine Berührungen zu spüren und abzugleiten in dieses gelobte Land der Sexualität, von dem in Romanen und Filmen immer gesprochen wird. Der morgige Arzttermin, das gestrige Meeting oder das wöchentliche Flurputzen – Gedanken, die so gar nicht anregend sind –, machen sich gerne zum falschen Zeitpunkt in meinem Kopf breit und hindern mich daran, zusammen mit Tobias abzutauchen.

Der VW-Bus war für mich nicht nur Fortbewegungsmittel und Schlafstätte, er stand für mich auch für das Ausbrechen aus meinem Alltag und dem immerwährenden Denken, das mich so selten zur Ruhe kommen ließ. Da saß ich also nun neben Tobias. Im VW-Bus. On the road. Mittlerweile waren wir ein paar Tage unterwegs und hatten auch das eine oder andere Outdoor-Intermezzo, aber die angestrebte leidenschaftlich berauschende Erfahrung blieb für mich noch aus. Der Sex von Tobias und mir war zwar gut, aber auf einer Reise zum anderen Ende der Welt versprach ich mir weitaus mehr.

Während ich meinen Gedanken nachhing und den Emu am Straßenrand beobachtete, bog Tobias vom Highway in einen kleinen sandigen Weg ein. Vor uns tauchte eine malerische Bucht auf, die eigentlich zu schön war, um wahr zu sein. Diese Bucht, ein Geheimtipp von Tobias' Schwester Julia, die schon einmal hier war, suchten wir seit zwei Tagen, konnten uns aber immer nur langsam vortasten, da Straßenschilder zum Traumstrand nicht zum Reisepaket gehörten. Das, was ich hier sah, war noch beeindruckender als in Julias Beschreibungen, und auch eine mehrwöchige Suche hätte ich nicht unnötig gefunden. Kristallklares, ruhiges Wasser, weißer Sandstrand, fremdartig wirkende Bäume und Pelikane – eine Postkartenidylle mit dem einzigen Unterschied, dass hier anscheinend vor Julia nur wenige Touristen waren. Kein Mensch weit und breit, nur wir und Jim Morrison. Wir sprangen aus dem Wagen und rannten über den breiten Strand ins Wasser. Absolut gigantisch!

Nach gefühlten Stunden schleppten wir uns atemlos zurück an den Strand und ließen uns von der Sonne trocknen. Mit Blick auf die Pelikane, die auf den Wellen schaukelten, tranken wir Bier, hörten Musik und beglückwünschten uns, dass wir die Bucht endlich gefunden hatten. Als wir so dalagen und auf Julia anstießen, fiel mein Blick auf Tobias, der schon leicht braungebrannt war und dem gerade das kalte Kondenswasser der Bierdose den Hals herunter lief. Das Bild erinnerte mich an diese bescheuerte Cola-Werbung, und ich musste lachen. Er schaute mich an und schüttelte grinsend den Kopf: »Worüber du wieder lachst, will ich gar nicht wissen – wahrscheinlich wieder einer deiner abstrusen Gedanken ...« Trank ich gerade Bier oder Cola? Ich wusste es nicht mehr. Ich sah nur noch Tobias in Badeshorts neben mir und wie er mich mit diesem Lächeln ansah, dass ich damals vor meinen Freundinnen als den ausschlaggebenden Faktor verteidigt hatte, warum ich diesen Mann einfach wiedersehen mußte! Ich strich ihm übers Haar und gab ihm einen langen Kuss. »Ich dachte gerade daran, dass wir, in Anbetracht dieser prachtvollen Badewanne vor uns, doch eigentlich keinen Grund haben, uns nicht wieder dreckig zu machen ...«

Tobias wäre nicht Tobias, wenn sich bei ihm nicht jetzt schon etwas geregt hätte. Ich legte meine Hand auf seinen halbharten Schwanz und biss ihm leicht in den Hals. Er schüttelte sich und wollte mich an sich ziehen, doch ich schob ihn zurück und drückte ihn sanft in den Sand. So lag er nun mit seinen mittlerweile zu eng gewordenen Shorts vor mir und streichelte durch den Stoff meines Bikinioberteils meine Brüste. Ich hielt seine Handgelenke mit beiden Händen fest und setzte mich auf ihn. Als ich ihn losließ, um mein Bikinioberteil auszuziehen, vergrub er seine Hände im Sand. Er hatte schon verstanden, dass er gar nicht wieder zu versuchen brauchte, die Initiative zu ergreifen. Das hier war meine Show, und das wurde Tobias spätestens dann klar, als ich meine Hände auf seine legte und mich so vorbeugte, dass meine Brüste nun leicht über seinen Oberkörper strichen. Seine Brusthaare kitzelten meine steifen Brustwarzen und ein wohliger Schauer lief mir über den Rücken. Ich saß direkt auf seinem Schwanz und presste meine Muschi durch das Bikinihöschen gegen ihn. Eine angenehm pochende Wärme durchströmte meinen Unterleib. Tobias stöhnte und ergriff jede Gelegenheit, die ich ihm bot, mir einen langen Zungenkuss zu geben. Gemütlich konnten die Badeshorts nun keinesfalls mehr sein, also half ich ihm, sie auszuziehen. Ich strich mit meinen Händen über seine Beine und wanderte langsam wieder höher, um seinen Bauch zu küssen.

Ich liebe es, seinen Körper mit meiner Nase zu erkunden und seinen Geruch in mich einzusaugen. Ich vergrub mein Gesicht in seinen gekürzten Schamhaaren und genoss das Gefühl seines harten Schwanzes an meinem Hals. Auffordernd drückte er sein Becken gegen mich und schaute mich stöhnend an. Ich sah ihn an, nahm seinen Schwanz in die Hand und drückte ihn am Schaft mit zwei Fingern zusammen. Tobias, sein Schwanz, das Meer, die Sonne und ich. Ich dachte nur noch daran, wie er aufstöhnen würde, wenn ich jetzt mit meiner Zunge über seine Eichel fuhr. Und das tat ich dann auch. Ich glitt mit meiner Zunge über seinen Schwanz und schaute ihm dabei in die vor Erregung geweiteten Augen. Sein Stöhnen machte mich so sehr an, dass ich erst jetzt bemerkte, dass ich schon seit einiger Zeit meine feuchte Muschi selbstvergessen über sein Bein rieb. Das erregte Tobias noch mehr und er seufzte laut. Langsam ließ ich seinen prallen Schwanz in meinen Mund gleiten und hielt den Schaft immer noch fest in der Hand. Sein Geschmack machte mich rasend. Mal langsam, mal schnell lutschte und leckte ich. Tobias bebte, und ich wusste, wenn ich seinen Schwanz jetzt noch ein paar Mal kräftig mit meiner Zunge massierte, würde er in meinen Mund spritzen. Ich leckte noch einmal genüsslich mit der Zungenspitze über seinen Schaft und tauchte dann wieder oben an Tobias' Gesicht auf, um ihn zu küssen. Der Gedanke daran, dass er sich selbst an mir schmeckte, machte mich immer besonders an. Er strich mir meine Haare aus dem Gesicht und stöhnte: »Ich kann nicht mehr, setz dich bitte sofort auf mich!«

Das war mein Plan, also stützte ich mich nun mit den Händen auf seiner Brust ab und hockte mich über seinen feucht glänzenden Schwanz. Ich rieb ein paar Mal mit meiner Muschi über seine Eichel und ließ sie dann langsam in mir verschwinden. Wir stöhnten zusammen laut auf und blieben, als sein Schwanz komplett in mir versunken war, reglos sitzen. Ich spürte das Pulsieren und die Wärme in mir und fing langsam an, mich zu bewegen. Während Tobias mit seinen Händen über meine Brüste strich, ließ ich mein Becken immer schneller kreisen und hielt noch ein paar Mal inne, bevor Tobias sich nicht mehr halten konnte und sein ganzer Körper im Orgasmus erzitterte. Sein pochender Schwanz gab mir den Rest, und ich vergrub meine Hände fest in seinem Brusthaar als ich kam. Tobias zuckte immer noch, und als ich aufsah, fiel mein Blick aufs Meer und den Horizont, an dem ich mir einbildete zu erkennen, wie meine Libido mir lachend zuwinkte.

Die 7. Geschichte vom besten Sex

HASSLIEBE

Aleksandra (21), Studentin, Bochum
über
Alexander (29), Frisör, Moers

Es war ein ziemlich heißer Sommer und wir hatten Flausen im Kopf. Ich lag auf dem Bett in meinem alten Jugendzimmer zu Hause bei den Eltern – ein uninspirierter Sonntagnachmittag. Was gab es also Besseres, als stundenlang mit der besten Freundin zu telefonieren? Paulina war ein absoluter Chatjunkie. Sie liebte es, virtuell mit Jungs zu flirten und hatte dabei jede noch so ausgeklügelte Taktik auf Lager, dem Objekt der Begierde seine Telefonnummer abzuluchsen.

Als wir auf unser Lieblingsthema »Männer« kamen, stellte sie fest, dass sie mittlerweile den Überblick darüber verloren hatte, welche Nummer wem zuzuordnen war, beziehungsweise wer sich wohl dahinter verbarg.

Wie gesagt, wir hatten Flausen im Kopf, und da kam mir die Idee, dass ich den Erstbesten auf der Liste doch einfach unter falschem Vorwand anrufen könnte, um etwas über ihn in Erfahrung zu bringen. Paulina blieb natürlich in der Leitung. Meine Eltern verfügten über die fortschrittliche Einrichtung der Telefon-Dreier-Konferenz.

Gesagt, getan. Paulina gab mir die Nummer von Alexander: Alter, Wohnort und Beruf unbekannt, wir wussten nur, dass er blond und 1,92m groß ist. Hörte sich nicht schlecht an. Zwei Minuten später hatte ich Alexander in der Leitung. »Hi Christian, hier ist die Aleks, wie geht's?« – »Christian? Hier ist kein Christian, aber wer bist du denn?«

Und schon war das Eis gebrochen. Ich tischte ihm eine hanebüchene Lügengeschichte auf und stellte den imaginären Christian als allerletztes Schwein dar, weil er mir die falsche Nummer gegeben hatte. Ich spielte meine Rolle perfekt und balancierte dabei auf einem schmalen Grad zwischen Enttäuschung und Flirt. Alexander amüsierte sich hörbar und genoss unser Gespräch in vollen Zügen. Er war gerade im Urlaub auf Sylt (wie nett!) und saß am Strand mit Freunden und einer Flasche Prosecco. Er war 29 Jahre alt, tatsächlich 1,92m groß, blond, hatte blaue Augen und war von Beruf Frisör – was für ein Abtörner. Nichtsdestotrotz war das Gespräch nett und ich nahm ihn geschickt ins Kreuzverhör, um für Paulina Klarheit zu schaffen.

Im Endeffekt telefonierten wir eine Stunde und 15 Minuten. Er hatte nun meine Handynummer und ich offiziell seine – »Wir bleiben in Kontakt«. Paulina war mächtig beeindruckt und ich leicht beflügelt von einem netten Gespräch und einem witzigen Flirt.

Und es blieb dabei – wir standen in Kontakt. Alexander meldete sich sofort am nächsten Tag per SMS. Es war offensichtlich, dass sich ein baldiges Treffen anbahnte. Kurze Zeit später fanden wir dann auch einen Termin: Es sollte der nächste Sonntag um 20 Uhr werden – Frisöre haben montags frei.

Am Tag unseres ersten Dates traf ich weitreichende Vorkehrungen, um den Abend zum vollen Erfolg werden zu lassen. Ein Verwöhnbad, eine Haarkur und eine Schlammmaske später stand ich vor meinem Kleiderschrank und entschied mich für ein neues DKNY-Oberteil, in das ich mich in den letzten Monaten mühsam »hineindiätet« hatte. Ich befand: Ich war in Topform! Dezentes Parfum aufgelegt, einen letzten Blick in den Spiegel geworfen und auf zum Treffpunkt. Da es sich um ein echtes Blind

Date handelte, war ich natürlich mächtig nervös, als ich standesgemäße zehn Minuten zu spät um die Ecke bog und mein Date in Augenschein nahm. Der Anblick, der sich mir dort bot, war jedoch mehr als ernüchternd. Da stand er also vor mir: Alexander, 29, 1.92m groß, blond und Frisör. Was er dabei vergessen hatte zu erwähnen, war, dass von der blonden Mähne nicht mehr viel übrig geblieben war und sich auf den stattlichen 1,92 Metern Körpergröße definitiv zu viele Speckröllchen verteilt hatten. Mein Entsetzen musste sich im Entgleiten meiner Gesichtszüge geäußert haben, denn er stellte sofort grinsend fest, dass ich mir wohl etwas anderes vorgestellt hatte und fragte, ob ich wieder gehen wollte.

Da ich auf keinen Fall als vollkommen oberflächliche, viel zu aufgestylte Tussi abgestempelt werden wollte, bewahrte ich die Contenance. Ich ließ mich »stilgerecht« in der nächstbesten Kneipe nieder und bestellte ein Desperados zur Betäubung. Nach weiteren acht Alkopops, endlosen spitzen Kommentaren meiner- und absoluter Gelassenheit seinerseits, stellten wir fest, dass wir absolut nichts gemeinsam hatten. Er hielt mich für eine blöde, arrogante Kuh, ich ihn für einen Ruhrpottproleten ohne jeden Feinsinn. Da ich jedoch aufgrund der Promille auf nüchternem Magen (des flachen Bauches wegen) kaum noch geradeaus laufen konnte, bot er sich großherzig an, mich nach Hause zu fahren – er war nämlich im Gegensatz zu mir stocknüchtern und im Besitz seiner geistigen Fähigkeiten. Ich stieg in seinen heckspoilergetunten und tiefergelegten Seat Ibiza und weitere zehn Minuten später fand ich mich vor meiner Haustür wieder, Alexander im Schlepptau. Etwas seltsam fand ich die ganze Sache schon. Er stieg einfach mit mir aus dem Wagen aus, schloss ab und kam wie selbstverständlich mit zu meiner Tür. Da ich inzwischen jedoch in einem Stadium jenseits von Gut und Böse war, fragte ich nicht weiter nach.

Oben in der Dachgeschosswohnung angekommen, verlangte er nach einem Kaffee. Ich als Kaffeehasserin besaß jedoch nicht mal eine Maschine, die das schwarze Pulver in irgendetwas Trinkbares hätte verwandeln können und so stand er ziemlich genervt auf und meinte, es sei Zeit zu gehen – meine überschäumende Gastfreundschaft täte ihr Übriges. Ich lag währenddessen schon auf dem Bett und kämpfte bei dem Versuch, aufzustehen und hinter ihm abzuschließen mächtig mit der Schwerkraft – und landete prompt in seinen Armen.

Was dann folgte war der – mit Abstand! – beste Sex meines Lebens. Ohne ein Wort zu sprechen, schob er mir seine Zunge in den Mund – gierig, geil und unerwartet göttlich. Er zog mich aus, legte mich aufs Bett und erkundete meinen Körper auf eine Art, wie es noch nie ein anderer Mann getan hatte. Der Alkohol tat sein Übriges – ich hatte mich mittlerweile von der aufmüpfigen Schnepfe in eine betrunkene Schlampe verwandelt und wollte mehr. Er – mittlerweile auch nackt und dabei doch gar nicht so unansehnlich – verlangte auch nach mehr und nahm sich, was er wollte. Er stand auf und zog mich zu sich. Dann drückte er mich sanft nach unten und presste mir seinen Schwanz in den Mund. Immer wieder sagte er, wie genau er gewusst hätte, dass das passieren würde und dass er sich den ganzen Abend nichts sehnlicher gewünscht hätte, als endlich zum Wesentlichen überzugehen.

Mein Wille war nicht mehr stark genug, um Empörung zu demonstrieren. Stattdessen genoss ich das Ganze in vollen Zügen. Vor allem: seine Dominanz. Alexander wusste, was er wollte, und zeigte das auch ganz unverblümt. Er gab mir Anweisungen und leichte Schläge auf die Hinterbacken, wenn ich seinen Wünschen nicht schnell genug Folge leistete. Und genau so fühlte sich der Sex an! Er nahm mich hart, aber herzlich und machte dabei immer wieder kleine Pausen, in denen ich es vor Erregung fast nicht mehr ertragen konnte, ließ mich zwischendurch an seinem Schwanz saugen und lutschte immer wieder an meiner Klitoris. Von dem scheinbar ungehobelten Proleten war nicht mehr viel übrig – er achtete fast peinlich genau darauf, es nicht zu übertreiben und mich in keiner Sekunde zu kurz kommen zu lassen. Dabei war er genau das, was ich brauchte und bis jetzt nie gefunden hatte: Ein richtiger Kerl.

Zwei Stunden, zwei Orgasmen und unzählige Zigaretten später lagen wir verschwitzt und lachend auf dem Bett und ließen den Abend Revue passieren. Vielleicht hatten wir so viel Spaß, weil es uns dabei egal war, was der eine vom anderen dachte. Ich verschwendete keinen Gedanken daran, wie ich in bestimmten Positionen aussah oder ob mein Haar mal wieder eine Party ohne mich gefeiert hatte.

Dennoch – wir waren uns immer noch einig: Wir hatten so viel gemeinsam wie Dolly Buster und Alice Schwarzer. Aber der Sex war unbeschreiblich gut.

Die 8. Geschichte vom besten Sex

DIE ULTIMATIVE DROGE

Luna (39), Buch-Autorin, Ibiza
über
Sebastian (30), Lebenskünstler, Ibiza

Eigentlich könnte es so einfach sein: Während andere Menschen ihre Brötchen im Büro, hinter einer Supermarktkasse oder als medizinische Fußpfleger verdienen, darf ich mich in meiner Arbeitszeit wollüstigen Schäferstündchen, hormonseligen Ausschweifungen und »Er-lutschte-meine-Muschi-als-wäre-sie-Vanilleeis-Fantasien« hingeben. Soll heißen: Ich bin Autorin erotischer Bücher – weshalb es normalerweise keine große Herausforderung für mich darstellt, Sex unverklemmt zu Papier zu bringen.

Als ich jedoch der Bitte zustimmte, diesem Buch die wahre Geschichte *meines* besten Sex beizusteuern, war mir noch nicht bewusst, dass ich mich beim Schreiben derselben sozusagen mit runtergelassenen Hosen wiederfinden würde. Schließlich kribbelte es mir von Berufs wegen sofort in den Fingern, einfach eine gewohnt schamlose, mit leichter Ironie gewürzte »X-Szene« zu erfinden, und mich damit um eine private Enthüllung herumzudrücken. Bestimmt würde ich das auch tun – brächte nicht die Erinnerung an einen gewissen Mann aus Fleisch und Blut noch immer ganz andere Teile meines Körpers zum Kribbeln …

Prompt stecke ich in der Klemme: Wenn ich versuche, in Worte zu fassen, was ich mit diesem Mann, nennen wir ihn … Sebastian, erlebt habe, klingt es vermutlich kitschig. Es ist schwer, die richtigen Worte zu finden, damit das Besondere nicht gewöhnlich erscheint. Und in einem Buch, das sich um die Freuden der Fleischeslust dreht, kann doch nicht ausgerechnet *ich* zugeben, dass mein bester Sex dieses Prädikat vor allem deshalb verdient, weil Geigen und der 7. Himmel, sprich die ganz großen Gefühle, im Spiel waren?

Zugegeben, Sebastian – dem wunderbarsten, sinnlichsten, leidenschaftlichsten und leider auch schwierigsten Mann, den man sich vorstellen kann – stünde wohl ohnehin der Spitzenplatz meiner persönlichen »Lust-Liste« zu, aber das wäre eben nur die halbe Wahrheit.

Mit Sebastian habe ich nämlich erstmals *wirklich* erlebt, welch fatale Folgen es hat, wenn absolut atemberaubender Sex und tiefe, zärtliche Liebe zusammentreffen. Diese seltene Kombination wirkt wie eine Droge, die sofort abhängig macht und einen für immer verändert!

Das soll nicht heißen, dass ich anderweitig nie gut gevögelt worden wäre – oder gevögelt hätte. Aber dem Rausch und den Spätfolgen eben jener Droge habe ich es nun mal zu verdanken, dass ich mir hier weder irgendeine rattenscharfe Fantasie ausdenken noch eine *andere* wahre Geschichte aufschreiben könnte, selbst wenn ich es wollte. Denn obwohl viel Zeit vergangen ist, seit Sebastian und ich unsere Herzen gegenseitig in Schlachtfelder verwandelt haben, und er mich heute nicht mal mehr mit seinem süßen Hintern ansieht, bin ich noch immer sprichwörtlich auf Entzug ...

Dabei hatte ich, bevor das mit Sebastian und mir anfing, eigentlich nur ein wenig unverbindlichen Spaß im Sinn. Wir kannten uns schon eine ganze Weile, in der ich mich damit zufrieden gab, ihn als einsamen Helden meines pornografischen Kopfkinofilms zu feiern. Nebenbei bemerkt, reagiere ich normalerweise nicht so unmittelbar auf körperliche Attribute, aber Sebastian hatte in etwa die gleiche Wirkung auf mich, wie ein besonders leckeres

Pin-up-Girl auf einen lüsternen Lastwagenfahrer: seine männliche Erscheinung, seine appetitlich definierten Muskeln, seine Tattoos, seine tiefen, grünen Augen, sein umwerfendes Lächeln, seine großen, kräftigen Hände ... Einfach alles an diesem Kerl machte mich schwach! Ganz davon abgesehen, dass er mir auch das Telefonbuch hätte vorlesen können – schon der Klang seiner tiefen Stimme wäre wie ein Vorspiel gewesen.

Kurzum, Sebastian erschien mir damals wie die einzige Oase inmitten einer endlosen sexuellen Wüste. Dass er auch als Mensch unglaublich faszinierend war, fiel mir gar nicht auf.

Irgendwann, nachdem ich es in unzähligen, wenig salonfähigen Fantasien bereits bäuchlings, rittlings und »69«, im Stehen, Sitzen oder Liegen und auf sämtlichen Möbelstücken wild mit ihm getrieben hatte, beschloss ich schließlich, das Objekt meiner Begierde auch in der Realität nach allen Regeln der Kunst zu verführen.

Meine Sorge, Sebastian würde mich womöglich gar nicht *wollen*, löste sich dabei gewissermaßen in rosa Wölkchen auf, als er mir gestand, dass er längst heimlich in mich verliebt war – so wie ich in ihn.

Hatte ich eigentlich Tomaten auf den Augen gehabt?

Schon als unsere Lippen, unsere Zungen sich zu den ersten süßen, forschenden, ungläubigen Küssen trafen, war ich – waren wir – rettungslos verloren. Wenn ich jetzt meine Augen schließe, kann ich ihn beinahe noch schmecken. Ich spüre sein aufgeregtes Herzklopfen, rieche den wunderbaren »Sebastian-Duft« seines Körpers und höre, wie seine sanfte Stimme mir Dinge sagt, die so viel schöner klingen als das Telefonbuch!

Hatte mein ursprünglicher Plan vorgesehen, ebenso schnörkel- wie hemmungslos über ihn herzufallen, wäre nun jegliche Form von Eile einem Sakrileg gleichgekommen, denn in der Realität fühlte sich unsere gemeinsame Lust völlig anders an als erwartet.

Wir waren absolut verrückt nacheinander, neugierig aufeinander – aber anstatt ungeduldig übereinander herzufallen, begegneten wir uns mit totaler, sinnlicher Hingabe. Immer wieder sahen wir uns in die Augen, als müssten wir uns versichern, dass dies alles kein Traum war. Ich glaube, wir lächelten sogar noch, während wir uns küssten.

Unsere Beziehung mag unter einem Unglücksstern gestanden haben, doch im Bett gab es von dieser ersten Nacht an keinerlei Barrieren oder Missverständnisse zwischen uns. Ich war noch nie mit jemandem sexuell so vollkommen »auf einer Welle« wie mit Sebastian. Jeder Zentimeter meiner Haut schien sich unter seinen Fingern, seinem Mund, in eine erogene Zone zu verwandeln. Egal was wir taten, es fühlte sich berauschend und unglaublich intim an, weil wir instinktiv nichts voreinander versteckten.

Mein Verlangen nach ihm sammelte sich nicht nur zwischen meinen Beinen, sondern brachte meinen ganzen Körper zum Glühen. *Hier und Jetzt* – das war alles, was zählte. Ich war so nass und offen wie bei keinem anderen Mann, aber in jener ersten Nacht, als wir wussten, dass es endlich passieren würde, zögerten wir den Moment immer weiter hinaus ...

Schweiß, Stöhnen, geflüsterte Offenbarungen. Sebastians unanständiger Bauchnabel, duftende Liebestropfen. Gänsehaut. Seine Hände umfassen meine Brüste. Zittern, Glück. Meine Lippen liebkosen seinen schönen Schwanz, er flüstert meinen Namen. Hitze. Alles ist möglich. Er riecht so gut. Seine Zunge ist feucht, weich, zärtlich, weiß genau ... Wir sehen uns an, lächeln. *Du bist wunderbar ...*

Es war wie das Meer. Mal machte die Brandung uns atemlos, mal ließen wir uns träge von warmen Wellen streicheln. Irgendwann trug die Flut Sebastian auf mich ... in mich. Er drang langsam tiefer in mich ein, bis er mich ganz ausfüllte. Wieder sahen wir uns dabei in die Augen, und es fühlte sich an, als würden nicht nur unsere Körper verschmelzen, sondern auch ... die Essenz unserer Seelen. Wir machten Liebe, während wir fickten und fickten, während wir Liebe machten. Als ich kam, rief ich seinen Namen.

Sebastian und ich waren ein Jahr zusammen. Ich rief seinen Namen jedes einzelne Mal. So wie er meinen.

PS: Sollte ich diese Geschichte nicht doch frei erfunden haben, ist sie wahr. Und dann steckt Sebastian mir noch immer im Blut.

Die ultimative Droge.

Der Entzug ist mörderisch.

Die 9. Geschichte vom besten Sex

DER KÜNSTLER

Fiona (48), Hausfrau, Paderborn
über
Vincent (28), Maler, Paderborn

Das Klimakterium ist der Vorhof zur Hölle, der Aufbruch in ein finsteres Zeitalter. Ein schleichender Prozess, bei dem Lachfalten zu Krähenfüßen werden, das straffe Bindegewebe langsam nachlässt und die Lust auf Sex gegen Null tendiert. Das Gesicht wird dabei zu einer Großbaustelle. Frauen sind ein Produkt. Ein Produkt, geschaffen von Männern. Fast alles, was wir tun, tun wir für Männer. Selten tun wir etwas nur für uns. Wie bei allen Produkten läuft auch bei Frauen das Haltbarkeitsdatum ab. Ähnlich wie bei Milch. Wer nimmt schon eine Tüte Milch, die abgelaufen ist? Man greift lieber zur frischen Ware. Und was wird aus der alten, abgelaufenen? Entweder man schmeißt sie weg, oder man macht Dickmilch draus.

Ich war in der Dickmilchphase. Mein Mann hatte nicht nach einer frischen Tüte, beziehungsweise Frau, gegriffen, er war mir erhalten geblieben. Fast dreißig Jahre Ehe. Routine, Tag für Tag. Und eine Frage, die immer lauter wurde: War das wirklich schon alles? Ein Ehemann, der langsam aber sicher in die Jahre kam und über allerlei Wehwehchen jammerte und natürlich einmal in der Woche Sex einforderte, meistens am Wochenende, weil er da ausschlafen konnte. Keine Romantik, keine Gedanken mehr an spontanen, wilden Sex an ungewöhnlichen Orten. Kein Kribbeln mehr im Bauch. Gerade das brauchen Frauen in dieser schreck-

65

lichen Zeit so dringend. Vorbei die Zeit der kleinen Liebesbriefchen, vorbei das gemeinsame Frühstück im Bett oder auch der Quickie auf der Kellertreppe. Sex in der Ehe ist wie drei Tage altes Brot, geschnitten und in Tüten verpackt. Man weiß, dass es nicht mehr ganz frisch ist, man weiß, wie es schmeckt und es ist praktisch. Ich wusste, wie mein Mann aussieht, wie er riecht, wie er schmeckt und welche Geräusche er im Bett macht. Gerade jetzt, meinen die Macher von Frauenzeitschriften, müssten sie mal offener über den Sex der Frau in den besten Jahren schreiben! Ja, man kann auch noch Spaß haben, wenn man langsam Arthrose in den Gelenken bekommt. Auch Blasenschwäche ist kein Hinderungsgrund für ein erfülltes Sexualleben. Es kommt allein auf die Einstellung an. Oder auf den jeweiligen Partner. Meinen Mann konnte ich nicht mehr umerziehen, keine Chance. Ich hatte mich damit abgefunden. Ich dachte einfach nicht mehr darüber nach und las beim Frisör keine Zeitschriften mehr.

Dann kam dieser Samstag Ende Juni und das Stadtfest, zu dem ich nicht gehen wollte. Meine Freundin hatte mir schon Tage vorher in den Ohren gelegen: »Mensch, das wird toll! Geile Musik, Drinks, nette Leute, gutes Essen, sag jetzt nicht, du hast keine Lust!« Ich hatte tatsächlich keine Lust. Keine Lust, mich zu stylen, zum Beispiel. Und was sollte ich anziehen, ohne mich lächerlich zu machen? Teile von mir konnten sich durchaus noch sehen lassen. Meine Ohrläppchen zum Beispiel. Außerdem war ich Optimistin, ich wurde nicht älter, das Schminken dauerte nur etwas länger. Alles in allem bedeutete die Vorbereitung für das Fest aber jede Menge Aufwand an Zeit, Schminke und Nerven für ein paar Stunden Spaß. Ich raffte mich trotzdem auf.

Meine Freundin war pünktlich auf die Minute, ich aber noch lange nicht fertig. »Mein Gott, zieh ein luftiges Sommerkleid an, das reicht völlig, wir gehen schließlich nicht in die Oper!« Ich war lange nicht mehr ausgegangen. Ich wollte so hübsch wie möglich aussehen und nicht darauf warten, dass ein Blinder mich ansprach. Die schwarzen High Heels mussten einfach sein! Wir bummelten die Straßen rauf und runter. Es war ein herrlicher Abend. Die Luft war noch warm vom Tag. Der Mond stand voll am dunkelblauen Himmel, eingerahmt von unzähligen, glitzernden Sternen.

»Komm, wir leisten uns ein Glas Champagner!« Meine Freundin zog mich zu einem Weinstand. Eisgekühlt und prickelnd lag der Champagner auf meiner Zunge. Ein Glas reichte, um mich munter werden zu lassen. In meinem Alter heißt munter, im Takt der Musik mit den Füßen zu wippen und den einen oder anderen Mann aus den Augenwinkeln zu betrachten. Doch mein Blick blieb hängen. An braunen Augen und einem schwarzen Lockenkopf. Die Augen waren fest auf mich gerichtet und der Lockenkopf schräg zur Seite geneigt. Er sah so aus, als würde er ein Gemälde kritisch betrachten. Meine erste Reaktion war es, einen Blick über die Schulter zu werfen. Hinter mir stand wahrscheinlich eine Blondine um die zwanzig mit endlosen Beinen und ohne eine Falte im sorgfältig geschminkten Gesicht. Doch da war niemand. Meinte der tatsächlich mich? Offensichtlich, denn er lächelte. Schüchtern und jungenhaft. Ich lächelte unwillkürlich zurück. Und guckte sofort wieder weg. Nippte lieber noch mal am Champagner und zündete mir eine Zigarette an.

So, jetzt sah ich noch mal hin. Er lächelte immer noch und zeigte dabei seine Zähne. Die waren schief. Der rechte Schneidezahn hatte sich über den linken geschoben. Aber komischerweise war das kein Makel, sondern machte sein Lächeln noch attraktiver. Jetzt stand er auf und kam auf uns zu. Noch zehn Schritte und er hatte mich erreicht. Ausgerechnet jetzt brach mir der Schweiß aus allen Poren. Eine Hitzewelle. Die Hände in den Taschen seiner Jeans vergraben, kam er im Schlendergang zu uns. Dieser Mann war ein Riese. Bestimmt zwei Meter groß.

Breite Schultern, muskulöse Oberarme, aber er wirkte nicht wie einer dieser armseligen Bodybuilder-Typen. Nein, bei ihm wirkte alles natürlich und männlich. Er hatte das Gesicht eines kleinen, unschuldigen Jungen. Und eben dieses Lächeln. Mir wurden die Knie weich und der Mund trocken.

»Dein Glas ist leer, trinkst du noch eins mit mir, ich hab heute Geburtstag.« Seine Stimme, dunkel und leicht heiser. Ich hätte gerne geantwortet, aber ich war wie hypnotisiert. Wie alt mochte er wohl sein? So alt wie mein Sohn? Ich konnte nicht anders, ich starrte ihn an. Ich sah in diese haselnussbraunen Augen und auf die vollen, sinnlichen Lippen. Er bestellte zwei Gläser und drückte mir eins in die Hand. Er hatte riesige Hände, mit langen schlanken Fingern. Auf seinem rechten Handrücken war ein Farbklecks in Rot. Sein kariertes Hemd war bis zu den Ellenbogen aufgerollt. Feine, schwarze Härchen bedeckten den Unterarm. Er stieß sein Glas gegen meines. Wir plauderten. Ich weiß nicht mehr worüber ich gesprochen habe, aber ich hatte mich noch nie besser unterhalten. Ich hatte meine Freundin vergessen, das Datum, die Uhrzeit und die ganze Welt.

Ich hätte ewig so stehen können, wenn da nicht meine Schuhe gewesen wären, die sich mittlerweile in Folterinstrumente verwandelt hatten. Er bemerkte meine Qualen. »Zieh sie doch einfach aus, es ist schließlich Sommer und der Boden ist noch warm.« Fürsorglich legte er seinen Arm um meine Hüfte, als ich auf dem linken Bein balancierend den rechten Schuh auszog. Auf einmal hörte ich eine leise Stimme, die aus meinem Inneren kam: Du kannst nicht wollen, dass sein Arm dort bleibt! Obwohl ich mit beiden Füßen wieder auf der Erde stand, blieb sein Arm auf meiner Hüfte und wanderte meinen Rücken rauf und runter, von der Schulter über die Taille, bis kurz vor meinen Po. Einhändig steckte er sich eine Zigarette an, nahm einen Zug und steckte sie mir zwischen die Lippen. Ich war berauscht, allerdings nicht vom

Champagner. Mein ganzer Körper stand unter Hochspannung.
Ich fühlte plötzlich etwas, das ich so noch nie gefühlt hatte: Sehnsucht! Ich sehnte mich danach, mit ihm zusammen zu sein. Jetzt,
sofort, noch in dieser Nacht. Die Stimme war schon wieder da:
Denk erst gar nicht dran, das tut man nicht, nicht mehr in deinem Alter! Doch, sagte plötzlich eine fröhliche Stimme, doch,
das tut man. Warum auch nicht? Einmal ist keinmal!

Er schien meine Gedanken lesen zu können. »Sollen wir zu mir
gehen? Ich könnte dir die Füße massieren«, flüsterte er und streifte mit seinen Lippen meinen Hals. Pfui, sagte die anständige Frau
in mir, du gehst natürlich nicht mit. Denk an die Konsequenzen!
Doch, sagte die unanständige Frau in mir, du gehst mit, denn du
hast Lust dazu! Gönn dir mal was! Ich nickte. Wir gingen die
Straße hinunter. Er hatte seinen Arm um meine Schulter gelegt
und drückte mich an sich. In einem engen, dunklen Durchgang
küsste er mich. Er musste sich tief zu mir hinunterbeugen. Seine
Zunge glitt in meinen Mund. Zärtlich und fordernd zugleich.
Ich war noch nie so geküsst worden. Ein Stromstoß jagte durch
meinen Unterleib. Ich presste mich an ihn, umklammerte seinen
Körper regelrecht und erwiderte seinen Kuss.

Was machte ich da eigentlich? Er nahm meinen Kopf in seine
großen Hände und saugte sich an meinen geöffneten Lippen fest.
»Komm mit zu mir«, flüsterte er heiser und leckte meinen Hals.
Natürlich wollte ich das nicht. Oder doch? Von solchen Dingen
hatte ich bisher nur gelesen. Mit einem fremden Mann mitgehen!
Seinen Mund, seine Zunge, seinen Körper überall auf meinem
Körper spüren. Ich war bereit. Bereit für den ersten Seitensprung
meines Lebens! Im dunklen Treppenhaus küsste er mich erneut.
Seine Hände schoben sich in meinen Ausschnitt, er berührte mei-
ne Brustwarzen, rieb sie sanft zwischen Daumen und Zeigefinger.
Unter seinem Gürtel war eine deutliche Wölbung zu spüren. Er
hob mich hoch wie ein Kind und trug mich die restlichen schma-

len Stufen bis zu seiner Wohnung. Die Dachwohnung war sein Atelier. Durch die riesigen Dachfenster funkelten die Sterne und erhellten den Raum. Die Leinwände, bemalt und unbemalt, nahmen sich wie Schemen an den Wänden aus. Mitten im Raum stand ein großes Bett. Das weiße Laken war zerwühlt, das Kissen zerknautscht und auf dem Boden lag eine Decke. Für einen kurzen Moment malte ich mir aus, wie er sich hier in der letzten Nacht mit einer anderen Frau gewälzt hatte. Er schien meinen Gedanken erraten zu haben. »Ich schlafe unruhig, aber allein.« Dabei grinste er wie ein kleiner Junge und zog seine Stupsnase kraus. Ich musste lachen.

Er stand hinter mir. Ich lehnte mich an ihn und schloss die Augen. Er nahm meine Schultern und führte mich zu einem Sessel, der neben dem Bett stand. »Setz dich hin und gib mir deine Füße.« Ich setzte mich auf den weichen, roten Samt und er kniete sich vor mich. Er nahm meine kleinen Füße in seine großen Hände und begann, langsam meine Zehen zu massieren. Einen nach dem anderen. Sein Daumen strich über meine Fußsohle. Auf und ab. Seine Hände waren kühl und weich. Er kitzelte mich leicht und ich zuckte zusammen. Mir war heiß geworden, gleichzeitig hatte ich eine Gänsehaut und meine innere Stimme riet mir, zu gehen. Aber er streichelte meine Waden, umfasste meine Knie und ließ seine Hände meine Oberschenkel hinauf wandern. Dabei sah er mich an. Ein Lächeln umspielte seine Mundwinkel und in seinen Kinderaugen war das Wissen, dass er bald am Ziel war. Als seine Hände mein Höschen erreichten, versuchte ich instinktiv, mein Kleid runter zu ziehen, aber er ließ es nicht zu. Er zog langsam und vorsichtig an meinem Höschen und ich hob brav meinen Po an. Als das schwarze Stück Spitze auf der Erde lag und kurz darauf Kleid und BH folgten, ergab ich mich und spreizte meine Beine über die beiden Lehnen des Sessels.

Mit Zunge und Fingerspitzen ging er auf Erkundungstour. Er streichelte meine Möse und tauchte Finger und Zunge schließlich ganz vorsichtig ein. Ich hörte mich selbst laut und schnell atmen. Obwohl ich sein Gesicht sehen wollte, hatte ich die Augen geschlossen und den Kopf weit nach hinten gelehnt. Ich überließ mich meinen Gefühlen. Zum ersten Mal in meinem Leben. Ich dachte nicht mehr an mein Alter und auch nicht mehr an meinen nicht mehr ganz so jungen Körper. Er trug mich zum Bett und legte mich sanft in die Kissen.

Als er begann, sich auszuziehen, fühlte ich eine wohlige, ungeahnte Erregung. Nackt stand er vor mir. Sein Körper war perfekt. Die breiten Schultern, die muskulösen Oberarme, die dicht behaarte Brust, sein flacher Bauch, die langen, athletischen Beine, sein erregter, praller Penis. Er legte sich zu mir und wir begannen, einander zu streicheln. Vorsichtig nahm er meine steifen Brustwarzen zwischen seine Lippen und saugte an ihnen. Mit seinen schlanken, langen Fingern bewegte er sich in meinem nassen Schoß und massierte mit dem Daumen meinen harten Kitzler. Als er mit zwei Fingern in mich eindrang, fühlte ich den Orgasmus kommen, der mich wie eine Welle aufheben und davontragen würde. Stöhnend pressten wir uns aneinander.

Ich schlang meine Beine um seine Hüften und drängte mich ihm entgegen. Ich wollte ihn in mir spüren. Sein Atem ging schneller, als ich seinen Schwanz in meine Hand nahm und sanft rieb. Als er sich auf mich legte, hielt ich für einen Moment die Luft an. Er war schwer und doch hatte ich das Gefühl, wir würden schweben. Er schob seinen linken Arm unter meine Schultern, sodass mein Nacken bequem auf seinem Unterarm lag. Wir sahen uns an. Seine Haselnussaugen waren fast schwarz. Ich wühlte mit meinen Händen in seinen weichen Locken, strich mit den Fingerkuppen die Konturen seines Gesichts nach. Sanft und doch nachdrücklich drängte sich sein Schwanz zwischen meine

Schamlippen. Ich spreizte meine Beine weit auseinander und schob mich ihm entgegen. Er drang in mich ein, füllte mich völlig aus. Er saugte an meinem Hals, küsste meinen Mund, flüsterte Koseworte. Ich umschlang seinen Körper, hörte mich stöhnen. Er begann, mich zu lieben. Langsam und vorsichtig stieß er seinen großen Schwanz in meinen nassen Schoß. Wir bewegten uns im gleichen Rhythmus, wurden schneller, lauter. Er keuchte mit halb geöffnetem Mund, die Augen geschlossen, Schweißtropfen auf der Stirn. Ich hatte für einen Moment das Gefühl, das Bewusstsein zu verlieren. Ich schrie in meiner unbändigen Lust und spürte schließlich, wie ich zum Höhepunkt kam. Mein erster Orgasmus kroch meinen Rücken hinauf wie eine warme, weiche Schlange, weiter und weiter bis zu meinem Kopf. Gleichzeitig krampfte sich mein Schoß zusammen. Die Welt hatte aufgehört, sich zu drehen. Sie existierte nicht mehr. Ich konnte nicht mehr atmen, Tränen stiegen mir in die Augen, ich ließ mich fallen. Fallen in den ersten, wirklichen Orgasmus meines Lebens. Er ergoss sich in meinem Schoß, was meinen Höhepunkt umso stärker machte. Nie wieder aufhören, nie wieder loslassen, nie wieder woanders sein, als hier und jetzt in seinen Armen. Wir hielten einander fest umschlungen, schwer atmend, noch nicht wieder angekommen in der Realität. Schweißnass, erschöpft. Er flüsterte in mein Ohr, küsste wieder und wieder meine Lippen. Er blieb in mir. Ich wollte schlafen. Schlafen in seinen starken Armen, wach werden und in seine wunderschönen Augen sehen. Doch meine Realität sah anders aus. Sie mahnte mich zum Gehen. »Geh nicht!« Er hatte meine Gedanken gelesen. »Bleib heute Nacht bei mir! Nur heute Nacht!« Um seine Worte zu bekräftigen, schlang er seine langen, schlanken Beine um meine Hüften und hielt mich ganz fest. Ich schloss meine Augen und merkte, wie der Schlaf kam.

Als ich wach wurde, schien die Sonne durch die Atelierfenster und tauchte das ganze Zimmer in ein weiches, gelbes Licht. Wir

lagen hintereinander, noch immer hielt er mich fest an sich gedrückt. Sein ruhiger Atem streifte meinen Hals. Vorsichtig drehte
ich mich herum. Er schlief tief und fest. Die Lippen halb geöffnet, die Locken zerzaust. Mich überkam eine tiefe Rührung bei
seinem Anblick. Mein großer, zärtlicher Junge! Ich fühlte mich
jung, so befriedigt, so herrlich satt! Es gelang mir, aus dem Bett
zu steigen, ohne ihn zu wecken. Leise suchte ich meine Kleidung
zusammen und zog mich hastig an. Noch einmal drehte ich mich
um und sah ihn an. Er war völlig gelöst und entspannt im Schlaf.
Ich schloss leise die Tür. Irgendwo läuteten Glocken, es war
Sonntagmorgen. Zeit, zur Messe zu gehen.

Die 10. Geschichte vom besten Sex

RASTPLATZ-ROMANZE

Marie (22), Auszubildende, Augsburg
über
Kaisuke (41), Altenpfleger, Augsburg

Kaisuke war nun seit gut zwei Wochen mein Außendienstkollege. Selbstbewusst und gutaussehend. Japaner.

Ich hatte schon immer eine Schwäche für Asiaten. Und Kaisuke hatte neben den undurchdringlichen, dunkelbraunen Mandelaugen noch so etwas Draufgängerisches an sich. Er war direkt, aber trotzdem geheimnisvoll.Obendrauf noch sein anzüglicher Humor ... was für ein explosiver Cocktail. Ich jedenfalls fand ihn unwiderstehlich.

So nutzte ich unsere gemeinsamen Fahrten, um ihn möglichst unauffällig anzuschmachten.

»Machen wir es heute im Wald?«, fragte er fast schon beiläufig. Wir wollten uns etwas zu essen holen, wie jeden Tag. Doch bis auf unzählige gemeinsame Lunchs war bisher noch nicht das Geringste zwischen uns gelaufen.

»Nein!« Als Reaktion auf seine abwegige Frage zog ich vorwurfsvoll eine Augenbraue hoch.

»Hm, na wenn du es nicht im Wald treiben willst, dann machen wir es eben im Auto.«

Obwohl ihm solche Sprüche ähnlich sahen, war ich mir plötzlich nicht mehr sicher, ob das hier wirklich ein Scherz sein sollte. Auch seine Einladung von letzter Woche erschien jetzt in einem ganz anderen Licht: »Ich würde dir gern mal meine neue

Wohnung zeigen. Die Fliesen, die Dusche, die Couch ...« Machte er nur Späße oder war das seine ganz eigene, merkwürdige Art, mich anzumachen?

Dann bog er rechts in Richtung Schnellimbiss ab und ich spürte, wie sich ein wenig Enttäuschung in mir breitmachte.

Wie zufällig berührte seine Hand beim Schalten mein Knie und jagte mir jedes Mal einen leichten Schauer zwischen die Beine.

Verrückt, was für eine Wirkung dieser eigentümliche Kerl auf mich hatte.

Ich kannte ihn kaum und wusste nicht mal, ob seine Annäherungsversuche ernst gemeint waren oder einfach nur für einen kollegialen Lacher sorgen sollten. Trotzdem machte er mich damit völlig willenlos. Immer wieder studierte ich verträumt sein Profil und blieb dabei andauernd an seinen Lippen hängen. *Er merkt das schon nicht*, bildete ich mir ein. *Er hat sich gefälligst auf den Verkehr zu konzentrieren.*

Schluss damit. Ich war zu erwachsen für so ein Spielchen. Ich wollte endlich wissen, woran ich bei ihm war, und nahm allen Mut zusammen.

»Ich glaube ... Ich fürchte, ich bin ... ein bisschen v...«

»Marie!«, unterbrach er meine gescheiterten Liebesbekundungen mit einem spöttischen Grinsen.

»Erde an Marie. Wir sind da!«

Mein Herz hämmerte wie wild, als ich endlich die blinkende Leuchtreklame auf dem Dach der Imbissbude registrierte.

»Wo warst du denn gerade?«, ärgerte Kaisuke mich weiter. »Hast mich angestarrt, als wäre ich einer deiner geliebten Wraps. Hunger?«

Ich schüttelte nervös den Kopf, merkte aber, wie zu viel warmes Blut verräterisch in meine Wangen schoss.

»Ich hab's!« Kai verließ nun mit triumphierendem Blick den PKW. »Du bist in mich verliebt, stimmt's?«

Scheiße. Verhielt ich mich etwa so auffällig? Und was für ein unverschämtes Selbstbewusstsein dieser Mann hatte!

»Also ehrlich«, entgegnete ich ihm möglichst unbeeindruckt. »Du leidest unter untherapierbarer Selbstüberschätzung!«

Wir stellten uns wortlos an und beließen es dabei. Als die Kassiererin unsere Bestellung entgegennahm, tönte Kaisuke jedoch plötzlich: »Zum Mitnehmen!«

Ich schaute ihn verwundert an, während unsere Bestellung in zwei Tüten verschwand.

Verwirrt nahm ich wieder neben Kaisuke Platz, der mir unser Mittagessen zwar in die Hände drückte, mir aber schnell zu verstehen gab, dass ich nicht im Auto essen sollte.

»Wir machen heute ein Picknick.«

»Ah ja.«

Ich wartete gespannt ab, wohin er mich chauffierte. Alles deutete darauf hin, dass er den Hain ansteuerte.

»Kaisuke …«, meldete ich mich mit einem Blick auf die Uhr argwöhnisch wieder zu Wort. »Wir haben gar keine Zeit, um jetzt noch in den Wald …«

»Die arme Frau Eisenbeiß kam heute Morgen überraschend ins Heim. Das heißt, sie steht nicht länger auf unserer Terminliste.«

Er ergötzte sich daran, dass die alte Schreckschraube verhindert war und unsere Mittagspause dadurch verlängert wurde.

Ich hingegen schluckte. Vor Aufregung und Vorfreude. Ich kurbelte das Fenster herunter, um meinen Herzschlag und meine Wangenfarbe mit ein wenig Frischluft zu drosseln.

Mariiie … ihr fahrt in den Wald. Ja, aber zum Futtern und nicht zum Ficken, versuchte ich mich zu besänftigen.

Die Kieselsteinchen knisterten unter den Reifen, bis Kaisuke tief im Innern des Waldes den Wagen zum Stillstand brachte. Der Motor verstummte.

Hätte ich meine albernen Gefühle nur auch so einfach abschalten können.

Wir stiegen aus.

Kaisuke kramte eine Decke aus dem Kofferraum. *Wie süß*, dachte ich. Die musste er extra mitgenommen haben. Ich griff mir das Essen und wir liefen noch eine Weile durch das Unterholz, ehe wir zu einer kleinen, versteckten Lichtung kamen.

Mein mehr oder weniger heimlicher Schwarm breitete den karierten Stoff über dem Moos aus und ließ sich entspannt darauf nieder. Mit einem dicken Kloß im Hals tat ich es ihm gleich. Ich setzte mich mit einem gewissen Sicherheitsabstand neben ihn und stellte unsere Menüs zwischen uns ab.

Kai öffnete seine Tüte.

Gut, also doch nur essen.

Die Luft, die ich einatmete, schien plötzlich nicht mehr nur schwül, sondern irgendwie aufgeladen zu sein und machte es mir schwer, die Portion runterzubekommen. Plötzlich berührte Kaisuke meinen Mundwinkel, um ihn von einem verirrten Salatfetzen zu befreien. Oder er tat zumindest so. In Wirklichkeit, da war ich mir auf einmal sicher, wollte er mich einfach nur anfassen.

»Warte.« Er lächelte und ließ seinen Finger sachte und viel länger als notwendig von der Mitte meiner Lippen nach außen gleiten. Seine Berührung fühlte sich unglaublich an. Dabei war es gar nichts. Nur ein flüchtiger Moment. Ich hob automatisch mein Kinn und unsere Blicke trafen sich.

Kaisuke nahm mein Gesicht energisch in seine Hände.

Ich wusste nicht, ob es richtig oder falsch war, ihn jetzt zu küssen. Er sollte entscheiden.

Er kam immer näher, ich spürte seinen Atem auf meiner Haut. Ich neigte hungrig den Kopf zur Seite und ließ es einfach zu. Gott, er schmeckte so himmlisch und gleichzeitig so verboten. Einfach gut.

Er zeigte mir, wie sehr er mich wollte, aber ich hatte nicht das Gefühl, dass er mich damit überrumpelte. Ich hatte Lust, ihn zu reizen, zu provozieren. Ich glaube, Kai bemerkte das und war auf einmal nicht mehr zu halten. Nach ein paar Augenblicken lag er über mir und grinste mich in Kaisuke-Manier an.

»Wusste ich's doch!«

Doch er klang nicht mehr arrogant, sondern stolz. Und ich war stolz, dass er sich die Mühe gemacht hatte, mich zu erobern.

Erneut teilte er meine Lippen mit seiner Zunge. Seine Hände glitten zögernd über meinen Körper, um herauszufinden, wie weit ich gehen würde.

Kaisuke streichelte über meine Arme, meinen Bauch und meinen Rücken, während er zärtlich an meinem Hals lutschte. Ich wollte nicht länger das verunsicherte, schüchterne Mädchen mimen und öffnete die Knöpfe seines Hemds. Meine Lippen verfolgten meine Finger und küssten die weiche, duftende Brust darunter. Seine Muskeln zuckten zusammen, als ich sie berührte, und mir fiel zum ersten Mal auf, wie trainiert Kaisuke eigentlich war. Er hatte eine Topfigur und war fast einschüchternd gut in Form. Und das obwohl er knappe zwanzig Jahre älter war als ich.

Irgendwann verabschiedete sich auch mein Oberteil und Kaisuke öffnete den Häkchenverschluss meines BHs. Erst als ich fast nackt neben ihm saß, ließ er zu, dass ich mich von ihm löste.

»Kaisuke, ich weiß nicht, ob das richtig ist. Was sagt eigentlich deine Frau dazu?«

Er ignorierte meine Frage und berührte sanft meinen Busen. Er begann, mich zu massieren, während er mir fast beiläufig erzählte, dass es sich bei seiner Ehe um eine offene Beziehung handelte und dass ja niemand etwas von uns erfahren musste.

Ich glaubte ihm nicht. Aber es war mir eigentlich auch egal.

Er ging schließlich fremd, nicht ich. Und wenn seine Ehe einen Knacks weg hatte, dann sicher nicht erst seit heute. Er hatte mich verführt, nicht ich ihn. Und von Verführung, dass merkte ich jetzt, verstand er was!

In null Komma nichts hatte er meine Brustwarzen dazu gebracht, sich steil aufzustellen.

Er leckte zuerst vorsichtig um sie herum und knetete meine Brüste sanft, bis er mich dann endlich erlöste und meine Nippel in den Mund nahm. Ich stöhnte leise auf. Er zog mir meine Jeans aus und warf sie samt String in das Moos hinter uns. Kai griff beherzt zwischen meine Beine. Ich war unglaublich feucht. Plötzlich wurde mir klar, was andere Frauen meinten, wenn sie von den Vorzügen erfahrener Liebhaber sprachen. Anders als die meisten Männer, mit denen ich bisher Sex gehabt hatte, wusste Kaisuke, was eine Klitoris war. Gierig riss ich meine Beine auseinander, als er meine Perle mit seinen Fingerkuppen rieb. Er ließ sie kreisen, schmierte sie mit meinem eigenen Saft ein und zupfte immer wieder vorsichtig daran, bis meine Schenkel unkontrolliert zu zittern begannen.

»Du bist so eng, Marie.« Seine Augen leuchteten auf, als er zwei seiner Finger in mir versenkte.

Und du bist anscheinend ziemlich gut bestückt, lächelte ich in mich hinein, als ich einen Blick auf die Beule in seiner Hose warf. Ich legte meinen Kopf in den Nacken und schloss die Augen. Kai drehte seine Finger in mir und knickte sie ab, während er mich weiter verwöhnte. Er drückte von oben auf meine Bauchdecke, um mich noch mehr aufzupeitschen.

Plötzlich hörte er auf und ich wollte schon protestieren, als ich hörte, wie er seinen Reißverschluss öffnete. Ich sah, wie er sich seiner restlichen Klamotten entledigte und mein Herz fing wie wild an zu hämmern.

Die Natur hatte es tatsächlich gut mit ihm gemeint. Sein Ständer reichte ihm fast bis zum Bauchnabel und geschwollene Adern überzogen ihn wie eine Art Dekor. Mit einem »Machst du das?«

reichte er mir das kleine, rechteckige Tütchen, das er kurz vorher aus seiner Hosentasche gefischt hatte. Die Vorstellung, dass er das Kondom vielleicht vorausschauend mitgenommen hatte, machte mich irgendwie an.

Ich umfasste seinen Schaft, massierte ihn, um dann die Vorhaut zurückzuziehen und das Gummi ungeduldig abzurollen. »Hey, nicht zu fest.« Kaisuke schubste mich zurück auf die Decke und beugte sich über meine schimmernde Spalte. Sein Atem kitzelte warm an meinen Schamlippen, als er sie mit den Fingern so weit wie möglich auseinanderzog.

Anschließend fuhr er mit seiner nassen Zunge über das rosafarbene Fleisch dazwischen. Ich krallte mich stöhnend in der Decke fest und schob Kai mein Becken entgegen.

Er saugte sich an meiner Kirsche fest und glitt mit der Zunge tief in mich hinein. Anscheinend bemerkte er, dass ich schon jetzt kurz vorm Explodieren war und hielt inne.

Er umfasste seinen Schwanz und beugte sich über mich. Endlich berührte seine Schwanzspitze meinen Kitzler. Kaisukes Blick war fest entschlossen. Er zögerte nicht und drang in mich ein. Ich war inzwischen so nass, dass mein Saft und sein Speichel zu einem perfekten Gleitmittel avancierten. Ich stöhnte auf, als ich ihn zum ersten Mal wirklich in mir spürte. Es war so intensiv, tat so gut.

Als er bis zum Anschlag in mir war, entwich auch seiner Kehle ein verzückter Seufzer.

Als er meine Beine auf seinen Schultern ablegte und sich weit nach vorne lehnte, spürte ich ihn noch intensiver und musste meine Ekstase mit einem Kuss ersticken. Ich zuckte zurück.

Er vögelte mich jetzt nur noch mit seiner Schwanzspitze. Alle übrigen Nervenenden in meiner Muschi vergingen fast vor Sehnsucht. Doch irgendwann hielt es Kaisuke wohl selbst nicht mehr aus und nahm mich – natürlich quälend langsam – wieder komplett in Besitz.

Seine Hoden berührten meinen Hintern und als dann endlich wieder harte, tiefe, schnelle Stöße folgten, peitschte er mich mit ihnen beinahe aus. Seine Bewegungen waren so unfassbar befriedigend. Kaisuke biss sich selbst auf die Unterlippe und betrachtete voller Genugtuung, wie sehr ich uns genoss.

Wieder zog er sich im letzten Moment zurück, dirigierte mich mit einem »Dreh dich um!« auf den Bauch und drückte mich sanft zu Boden.

Ich atmete tief ein, als er meine Pobacken umklammerte und mich von hinten nahm.

Ich erhob mich auf meine Knie, griff durch meine Beine hindurch und streichelte vorsichtig seine Hoden. Keuchend ließ er es eine Weile geschehen, dann verdrängte er meine Hand mit seiner und widmete sich damit wieder meiner Perle. Das gab mir den Rest.

Ich kam, konnte mich endlich entladen und die Erregung strömte in mehreren Wellen durch meinen Körper.

Kaisuke kostete die letzten Sekunden in mir aus und stieß noch ein paar Mal hart zu. Dann kam auch er.

Widerwillig lösten wir uns voneinander, sahen uns lächelnd an und blieben noch ein paar Minuten nebeneinander liegen. Wir küssten uns ein letztes Mal, bevor wir uns anzogen und zurück zum Wagen liefen.

»Marie. Das bleibt doch unter uns, oder?«

»Klar.«

Wir hätten sonst beide unseren Job verloren. Er noch dazu seine Ausbildungserlaubnis.

Denn genau genommen war Kaisuke mein Mentor und ich seine Auszubildende.

Die 11. Geschichte vom besten Sex

DER GESANGSLEHRER

Klara (24), Gesangsstudentin, Osnabrück
über
Armin (38), Gesangsdozent, Osnabrück

Dass ich in Armin verliebt war, merkte ich erst sehr spät. Ich kann mich nicht einmal an einen bestimmten Auslöser für meinen Perspektivwechsel erinnern. Eines Tages, von einem Augenblick auf den anderen, sah ich ihn plötzlich mit anderen Augen. Es war beinahe so, als wäre ich kurzsichtig gewesen und hätte bisher nur Umrisse von ihm gesehen. Und dann, auf einmal, kam es mir vor, als hätte man mir Kontaktlinsen eingesetzt: Plötzlich sah ich ihn mit scharfen Konturen. Mit anderen Augen.

Er war schön! Nein, eigentlich war er nicht schön. So konnte man das nicht sagen. Wahrscheinlich konnten die meisten Frauen seine Schönheit nicht erkennen. Genauso war es mir ja auch gegangen – und das ein Jahr lang. Ich war blind gewesen für seine Schönheit. Man erkannte sie erst auf den zweiten Blick. Er war eher unscheinbar, hatte rötliches Haar, das er sich mit den Fingerspitzen immer wieder zerzauste, sodass es wild von seinem Kopf abstand. Er war nicht besonders groß, aber auch nicht klein, nicht dick, nicht dünn – insgesamt eher durchschnittlich. Keineswegs muskulös, aber auch nicht schmächtig. Seine Augen ... Ja, seine Augen. Welche Farbe hatten sie eigentlich? Ich wusste es nicht. Aber es war mir auch egal! Ich wusste nur, dass es die schönsten Augen waren, die ich je gesehen hatte.

Wenn er mich damit fixierte, sackten mir die Knie weg.

Doch leider fixierte er mich nicht allzu oft. Genauer gesagt nur einmal in der Woche. Bei meiner wöchentlichen Gesangsstunde.

Ich studierte seit zwei Semestern Musik an der Fachhochschule. Dort unterrichtete Armin Gesang und Musikgeschichte. Er war ein guter, bei allen sehr beliebter Lehrer. Er liebte seinen Job, er liebte die Musik und besonders das Klavierspielen. Und er liebte seine Familie.

Ja, das war der Haken an der Geschichte: Er war verheiratet und hatte zwei Kinder. Ich kannte seine Frau flüchtig. Sie war gelegentlich zu Konzerten in die Hochschule gekommen. Ich hatte mich mit ihr unterhalten, damals, als Armin für mich nichts weiter als ein Lehrer gewesen war. Sie war nett, sehr nett sogar, das musste ich leider zugeben, und das machte die Sache nur noch komplizierter.

Jetzt, da meine Gefühlslage sich verändert hatte, sah ich sogar meine Kommilitoninnen als Konkurrentinnen an. Das war völlig absurd, denn Armin war zwar beliebt, aber ich konnte mir nicht vorstellen, dass auch andere junge Frauen an der FH in ihm das sahen, was ich sah. Und trotzdem: Ich war eifersüchtig! Eifersüchtig auf jede! Auf jede, die mit ihm redete, auf jede, die in seiner Nähe war, auf jede, die er ansah, auf jede, die ihn ansah, auf jede, die von ihm sprach, seinen Namen benutzte, als gehöre er ihr, auf jede, die jemals mit ihm zu tun gehabt hatte und mit ihm zu tun haben würde. Mehr noch, ich war eifersüchtig auf das Buch, das er vor sich aufschlug, auf den Stuhl, auf dem er saß, auf die Kreide in seiner Hand, aber am meisten auf das Klavier, das Klavier, dessen Tasten er berührte, als wären sie die zarten Brüste einer jungen Frau. Über dessen Tastatur seine Finger glitten, so zärtlich und doch so voller Leidenschaft, dass es mir wohlige Schauer über den Rücken jagte.

Er spielte wie ein Gott. Die Augen schloss er jedes Mal vor Verzückung. Und immer wenn er spielte, fühlte ich mich wie in eine andere Welt versetzt. Er konnte sich richtig in Ekstase spielen. Und dann war er nicht mehr der liebe, nette, beinahe jungenhafte Armin, sondern ein wilder, völlig verwegener Mann, der mich magisch in seinen Bann zog. Doch leider wurde ich das Gefühl nicht los, dass ich ihn eher mäßig in *meinen* Bann zog. Ja, er war nett zu mir. Nett …! Wir konnten zusammen lachen, wir konnten miteinander diskutieren (Ich liebte es, mit ihm zu diskutieren und mich mit Worten an ihm zu reiben!), wir konnten zusammen singen. Aber dort hörten unsere gemeinsamen Aktivitäten auch schon auf. Nach der Uni ging ich nach Hause zu meinem Kater Muffin und er zu seiner Frau und seinen Kindern. Ich überlegte wochenlang, wie ich aus dieser verfluchten Situation herauskommen sollte. Ich hatte genau drei Möglichkeiten:

Möglichkeit eins: Ich schmiss mein Studium, sah ihn nie wieder, zog in eine andere Stadt und suchte mir eine neue Uni.

Möglichkeit zwei: Ich riskierte alles, machte ihm ein eindeutiges Angebot und nahm damit in Kauf, eine Familie zu ruinieren, mich bis auf die Knochen lächerlich zu machen, mich in der FH und in der ganzen Stadt nie wieder blicken lassen zu können und Armin nie wieder in seine wunderschönen Augen schauen zu können.

Möglichkeit drei: Ich wartete ab.

Von allen drei Möglichkeiten war Möglichkeit drei die einfachste. Die Unkomplizierteste – ja, aber auch die Inkonsequenteste. Denn worauf sollte ich warten? Dass er sich endlich auch Kontaktlinsen kaufte?

So konnte es definitiv nicht weitergehen. Doch die Wochen vergingen. In den Musikgeschichtsseminaren starb ich beinahe vor Eifersucht, wenn meine Kommilitoninnen auf seine Fragen antworteten oder er ohne eine Begrüßung an mir vorbeirauschte. Und in den Gesangsstunden hoffte ich jedes Mal auf ein Wunder: ein nettes Wort, eine bedeutsame Geste, einen vielsagenden Blick, ein wissendes Lächeln – irgendein Zeichen tiefer Verbundenheit, das mir den Mut gab, ihm meine Gefühlslage zu offenbaren. Doch nichts dergleichen geschah. Jeden Mittwoch stand ich stundenlang vor dem Kleiderschrank und dem Badezimmerspiegel. Legte das volle Programm ein: Gesichtsmaske, Haarpackung, Peeling, Ganzkörperrasur ...

Doch es half alles nichts. Armin sah mich nicht. Er war kurzsichtig. Ich betete, dass es ihm eines Tages genauso gehen würde wie mir. Dass er aufwachen würde, mich anschaute, und erkannte, dass ich es war, auf die er sein Leben lang gewartet hatte. Ja, ich weiß, das war naiv. Aber sind wir in der Liebe nicht alle naiv? Hoffen wir nicht immer darauf, dass unsere Liebe etwas ganz Besonderes ist, etwas Einzigartiges, das niemand sonst auf der Welt hat?

Daran, mit Armin zu schlafen, hatte ich nie gedacht! Okay, ich gebe zu, ich habe daran gedacht ... Aber nur ganz selten. Gelegentlich. Fast nie.

Es mag unwahrscheinlich klingen, aber eigentlich wollte ich nur in seiner Nähe sein. Ganz nah an seiner Seite. Um mit ihm zu reden, mit ihm zu lachen, mit ihm zu schimpfen, zu erfahren, was er dachte, wovon er träumte, wovor er sich fürchtete. Ich wollte ihn halten und trösten, ihn aufmuntern und zum Lachen bringen, ich wollte seinen Namen sagen, immer und immerzu, Armin, Armin, Armin ... Und ich wollte zärtlich von ihm gerufen werden – bei meinem Namen. Ich wollte mich an ihn lehnen, ihm alles über mich erzählen, meine Träume, meine Wünsche, meine Ängste und Sorgen. Ich wollte ihn umarmen und ganz, ganz festhalten, so fest, bis er keine Luft mehr bekam und mir die Arme wehtaten. Ich wollte mit seinem Atem in meinem Ohr einschlafen und morgens von dem leisen Flüstern seiner Stimme geweckt werden. Ich wollte einfach nur bei ihm sein als wichtigster Teil seines Lebens. Ich wollte, dass unsere Herzen im selben Takt schlugen wie das Metronom auf seinem Klavier ... Man kann also mit Fug und Recht behaupten, dass ich unsterblich verliebt war.

Wie gesagt, mit ihm zu schlafen war irgendwie nie meine Absicht gewesen (jedenfalls nicht meine primäre ...). Er war schließlich nicht der Typ Mann, bei dem man als Frau gleich denkt: Wow, nimm mich hier und auf der Stelle! Nein, er war eher der Typ Mann, bei dem man Lust bekommt, ein Pferd zu stehlen (im Idealfall ein weißes) und eng an ihn gekuschelt in den Sonnenuntergang zu reiten ...

Auf Wiedersehen, Verstand! Hallo Klischee! Hallo Wahnsinn ...

Na ja, erstens kommt es anders und zweitens als man denkt ...

Es war einer dieser regnerischen Novembertage, die ich schon immer gehasst habe und an denen man vollkommen versteht, warum gerade im Winter die Selbstmordrate rapide ansteigt.

Als ich mir auf dem Weg zum Gesangsraum das quietschgelbe Regencape aufknöpfte, war ich den Tränen nahe. Ich war jetzt seit fast einem halben Jahr heimlich in Armin verliebt und die Situation zwischen uns (die Bezeichnung »zwischen uns« war eigentlich schon eine Übertreibung) hatte sich kein bisschen verändert. Er war weiterhin nur freundlich distanziert. Und ich war inzwischen derart verkrampft, wenn ich in seiner Nähe war, dass ich kaum noch ein sinnvolles Wort herausbekam und mich nicht auf den Unterricht konzentrieren konnte. Nur wenn ich sang, war es anders. Dann konnte ich für ein paar Minuten völlig abtauchen und mich ganz der Musik hingeben. Der Musik, die wir *gemeinsam* produzierten, ich mit meiner Stimme und er mit dem virtuosen Spiel seiner Hände, die über die Tasten jagten, als gäbe es kein Morgen.

Für heute hatte ich mir ein besonders schweres Lied ausgesucht: *Surrender* von Celine Dion. Ich fand, dass es einfach perfekt zu unserer, naja, *meiner* Situation passte. Ich würde mich ihm ergeben. Ein Wort von ihm würde genügen. Ich würde alles tun, was er von mir verlangte. Aber er blieb stumm. Er schlug die Tasten an, mit einer Leidenschaft, die mein Herz vor Eifersucht beinahe zerspringen ließ. Mich würdigte er dabei keines Blickes. Konzentriert starrte er auf die Noten, schloss ab und zu die Augen, wippte mit den Füßen im Takt auf und ab. Ich hatte meinen Arm auf das Klavier gestützt, die Schwingungen der Saiten ließen ihn vibrieren. Auch ich schloss nun die Augen. Weniger vor Verzückung, sondern vielmehr, um meine nahenden Tränen zurückzuhalten. Warum sah er mich nicht an? Warum hatte ich ihn nicht früher getroffen, bevor er diese Frau kennengelernt hatte? Warum, warum? Liebte sie ihn auch so sehr wie ich? Ich wollte nicht daran denken!

Ich versuchte, mich auf meinen Text zu konzentrieren. »I reach to you, I know you can feel it, too, we'd make it through …« Ich sang all meine Gefühle heraus und wünschte mir von ganzem Herzen, dass er zwischen den Zeilen lesen würde. Es war eine Liebeserklärung auf dem silbernen Tablett. Doch er schien sie nicht zu begreifen. Er ahnte nicht, dass ich das, was ich da sang, wirklich ernst meinte. Und dass es ihm galt.

Eine Dreiviertelstunde ist lang, wenn man sie beispielsweise mit Mathematik verbringt, aber eine Dreiviertelstunde erscheint einem wie eine Minute, wenn man sie mit Armin verbringt, den man danach wieder eine Woche lang nicht sieht, abgesehen von der Stunde Musikgeschichte in großer Runde, bei der man meistens kein Wort wechselt. Und so war es auch diesmal. Die 45 Minuten rasten vorbei, und als ich mich gerade schon verabschieden wollte, sagte Armin plötzlich: »Anja kommt heute nicht, du kannst hierbleiben und ihre Stunde übernehmen. Hast du Zeit?« Nein! Eigentlich hatte ich keine Zeit. Ein Berg an Hausaufgaben und Vorbereitungen für die Klausuren wartete auf mich.

»Ja! Natürlich habe ich Zeit!«, antwortete ich wie aus der Pistole geschossen. »Aber dann will ich noch ein anderes Stück singen. Ich habe noch andere Noten dabei!«

Mit diesen Worten ging ich um das Klavier herum und griff über seine Schulter hinweg nach den Noten von *Surrender*, um sie in meinem Rucksack zu verstauen.

Da griff er plötzlich nach meinem Unterarm und hielt ihn fest umklammert. Erst dachte ich, er wollte mich bloß daran hindern, die Noten wegzunehmen, doch dann zog er mich mit sanfter Gewalt auf seinen Schoß, legte meinen Arm um seine Schulter und strich mir zärtlich über die Wange. Ich war so überrumpelt, dass ich keinen klaren Gedanken fassen konnte. Was passierte hier? Das konnte doch nicht wahr sein! Er konnte doch nicht ...

Und dann küsste er mich!

Tausendmal hatte ich schon davon geträumt. Doch das hier übertraf alles, was ich mir jemals ausgemalt hatte. Seine Lippen waren so weich, dass ich Angst hatte, sie zu verletzen, als ich meine Zunge in seinen Mund schob. Er küsste mich so unerwartet leidenschaftlich, dass es mir völlig den Atem nahm. Und ich erwiderte seinen Kuss wie ein ausgehungertes Tier. Die Situation war so surreal, dass ich erst Tage später begriff, was in jenen Minuten passiert war. Ich griff zärtlich in Armins Haar und zerstrubbelte es, so wie er es selbst immer tat. Er lachte leise auf und bedeckte meinen Mund weiter mit Küssen. »Was ist, wenn jemand hereinkommt?«, wollte ich, von plötzlicher Unsicherheit gepackt, wissen. Daraufhin stand er auf und schloss die Tür ab. »Hier stört uns niemand!«, sagte er mit einem verschwörerischen Lächeln, als er wieder auf mich zukam.

Jetzt, da er stand, konnte ich die Ausbeulung in seiner Hose sehen, die sich deutlich durch den Jeansstoff abzeichnete. Dieser Anblick jagte mir heiße Schauer über den Rücken. Ich war ihm hier drinnen vollkommen ausgeliefert. Er konnte mit mir machen, was er wollte, und der Schlüssel für die Tür steckte in seiner Hosentasche, gleich neben seinem beachtlichen Ständer.

Als er auf mich zu schritt, wollte ich ihn wieder zu mir hinunter auf den Klavierhocker ziehen, aber er nahm mich bei den Schultern und zog mich hoch und an sich heran. Er begann, meinen Hals zu liebkosen und sanft hineinzubeißen. Ich spürte, dass meine Brustwarzen hart wurden. Meine Hände wanderten über seinen Rücken und umfassten seinen Hintern, um Armin noch näher an mich heranzuziehen. Das, was ich mir so lange gewünscht hatte, trat endlich ein: Ich hielt ihn ganz fest im Arm. Und ich nahm mir vor, ihn nie wieder loszulassen.

Doch kaum hatte ich diesen Vorsatz gefasst, ließ er von meinem Hals ab und griff nach meiner Hüfte, während er mich erneut leidenschaftlich küsste. Er tat dies mit einer Hingabe, die er sonst nur an den Tag legte, wenn er ein Stück besonders virtuos spielte. Und ich war überglücklich, dass ich diesmal der Grund für seine Ekstase war. Er küsste mich immer fordernder und drängte mich zurück zum Klavier, bis ich mit dem Po dagegen stieß. Mit dem Fuß trat er den Hocker beiseite, packte mich und hob mich auf die Tastatur, was die Klaviersaiten zum Vibrieren brachte und eine Welle der Lust durch meinen Körper fahren ließ. Ich spreizte meine Beine leicht und zog ihn am T-Shirt näher zu mir heran, bis ich ihn mit meinen Beinen umschlingen konnte. Ich spürte seinen heißen Atem an meinem Ohr und seinen Ständer in meiner erogensten Zone. Auch ich stöhnte jetzt in freudiger Erwartung dessen, was unausweichlich war. Er biss zärtlich in mein Ohrläppchen und flüsterte: »Nimmst du die Pille?«

»Nein!«, antwortete ich wahrheitsgemäß und hoffte inständig, damit nicht alles kaputt zu machen.

»Kein Problem«, sagte er und fischte ein Kondom aus der Hosentasche. Ich versteifte mich mit einem Mal. Was war das denn jetzt? Männer, die mit Kondom in der Tasche herumliefen, waren mir schon immer suspekt. Die sind doch nur auf solche Gelegenheiten aus und nehmen jede, die sie kriegen können. Ich stieß ihn leicht von mir und machte Anstalten, vom Klavier zu springen, aber er versperrte mir den Weg und blickte mich irritiert an: »Was ist denn los?«

»Ich will nicht von dir benutzt werden!«, zischte ich, unbeherrschter, als ich es beabsichtigt hatte.

»Ich will dich nicht benutzen. Denkst du etwa, ich mach so was öfter?« Er klang ehrlich verletzt. Ich schwieg. »Ich habe das hier«, er wedelte mit dem Kondom vor meiner Nase herum, »jedes Mal, wenn wir uns sehen, in der Tasche. Und es gab schon so viele Momente, in denen ich am liebsten auf der Stelle über dich hergefallen wäre. Aber ich habe mich beherrscht – bis heute. Es ging einfach nicht mehr.« Ich sah ihn völlig verdattert an. Konnte das möglich sein? Wenn ich das bloß früher gewusst hätte … Das hätte mir eine Menge Leid erspart! Armin blickte mir ernst in die Augen. Er sah mich an! Zum ersten Mal spürte ich, dass er mich wirklich und wahrhaftig ansah, so wie ich von ihm angesehen werden wollte. Nicht als Schülerin, sondern als Frau!

»Was ist mit deiner Frau?« Ich hatte nicht beabsichtigt, diese Frage zu stellen, aber sie rutschte mir einfach heraus.

»Es läuft schon lange nicht mehr so gut zwischen uns. Mach dir keine Gedanken.« Mir fiel ein Stein vom Herzen und ich küsste ihn. Küsste ihn. Küsste ihn …

Er drängte sich näher an mich heran, rieb seinen Unterleib an meinem, sodass es durch meinen Körper zuckte. Dann öffnete er den Reißverschluss meiner Strickjacke, zog sie mir von den Schultern und warf sie zu Boden. Wir zogen unsere T-Shirts aus. Ich bedeckte seinen Oberkörper mit Küssen, was ihm ein lustvolles Stöhnen entlockte. Seine Hände wanderten über meinen Körper, strichen über meinen Rücken, meinen Hals, meinen Bauch und meine Brust, auf der sie verweilten. Ich löste mich von seinem Oberkörper und legte den Kopf in den Nacken. Vorsichtig, als habe er Angst, zu schnell voranzupirschen, öffnete er meinen BH und warf auch diesen zu Boden. Es war ein seltsames Gefühl, so entblößt vor dem Mann zu sitzen, nach dem ich mich so lange gesehnt hatte und der mir trotz allem auf eine gewisse Art und Weise noch immer ein Fremder war. Doch mit der Art, wie er mich berührte, nahm er mir meine Unsicherheit.

Er begann, meine Brüste zu küssen. Er leckte sie genüsslich wie Eiscreme und umkreiste mit seiner Zunge meine Brustwarzen. Ein Kribbeln breitete sich in der Gegend unterhalb des Bauchnabels aus und wurde immer heftiger, als er an meinen Brüsten saugte. Dabei kitzelten mich seine Zähne so sehr, dass ich das Gefühl hatte, es nicht auszuhalten. Ich wollte ihn wegstoßen, aber er umfasste meine Handgelenke und presste meine Hände auf die Tasten, sodass ich ihm nicht entkommen konnte. Er saugte, knabberte und leckte und trieb mich damit beinahe in den Wahnsinn. Ich wand mich unter seinem starken Griff und stöhnte vor Lust und Glück, aber er ließ erst von mir ab, als ich ohne nachzudenken zischte: »Ich will dich in mir spüren!«

Er löste seinen Griff und zog seine Hose aus, was mir die Gelegenheit gab, wieder zu Atem zu gelangen. Dann öffnete er auch meine Hose und ich ließ ihn gewähren, als er sie mir mitsamt dem Slip vom Körper zog. Seine Zunge glitt zwischen meine Schenkel, tastete sich zwischen den Schamlippen hindurch und fand schließlich meine Klitoris. Doch kaum hatte die Zungenspitze diese berührt, widmete sie sich auch schon wieder anderen Bereichen, wanderte zwischen den Schamlippen auf und ab und stattete der Klitoris nur gelegentlich einen Besuch ab. Er raubte mir fast den Verstand!

Dann endlich verweilte seine Zunge auf meinem Kitzler, stimulierte ihn sanft, umkreiste ihn und beschrieb Muster darauf. Ich biss mir auf die Lippe, um nicht laut seinen Namen zu schreien,

und krallte meine Finger in sein Haar, das inzwischen schweißnass war. Nun wanderten seine Küsse langsam wieder aufwärts
über meinen Schamhügel zum Bauchnabel und von dort weiter
zu meinen Brüsten und meinem Hals bis hin zu meinem Mund.
Ich öffnete hingebungsvoll die Lippen und schmeckte mich selbst
auf Armins Zunge. Er drückte mir das Kondom in die Hand und
ich rollte es ihm mit zitternden Händen über seinen Penis.

Dann spreizte ich die Beine und zog ihn am Hintern zu mir
heran. Sein hartes Glied presste sich eng an meinen Kitzler. Es
war ein unbeschreibliches Gefühl, als er in mich eindrang. Erst
sanft, dann immer fordernder stieß er zu und spreizte meine
Oberschenkel dabei immer weiter. Er stöhnte jetzt laut und auch
ich konnte kaum noch an mich halten. Seine rechte Hand suchte
meinen Kitzler und massierte ihn, während seine Stöße immer
schneller wurden. Ich drückte meine Hände auf seinen Po und
trieb seinen Schwanz tiefer und tiefer in mich hinein. Durch seine Stöße erklangen die Töne des Klaviers in einem immer heftiger werdenden Wirbel. Vor und zurück, vor und zurück. Kling,
Klong. Kling, Klong. »Ich komme!«, schrie er und bäumte sich
auf. Und auch ich konnte mich nicht mehr zurückhalten, als seine Finger meine Klitoris immer wilder rieben und seine finalen
Stöße mich auf die Klaviatur pressten. Ich schrie laut auf. So laut,
dass ich sogar die Klänge des Klaviers übertönte. Dann sackten
wir mit einem wohligen Seufzer und ineinander verschlungen zusammen.

Die 12. Geschichte vom besten Sex

BELLA IM SCHRANK

Bella (30), Lektorin, Berlin
über
Thomas (32), Musiker, Berlin

Thomas ging gegen neun Uhr. Ich stand in der Badezimmertür und beobachtete ihn, als er ein weißes Hemd und eine schwarze Lederhose anzog. Er war ein attraktiver großer Mann mit Jungengesicht, der nun mit nachlässigen Bewegungen einen Deostick in seiner Achselhöhle rieb.

»Bella, ich komm so gegen Mitternacht zurück«, sagte er und fummelte sich mit zusammengekniffenen Augen etwas Gel ins blonde Haar. »Ich ruf dich vorher an.« Er gab mir einen sanften Kuss, wobei er mir lange in die Augen sah. Ich konnte seine lächelnden Mundwinkel beim Küssen sehen. Er suchte nach seinen Zigaretten, wie immer, nahm seinen Schlüssel und war raus.

Ich ging in Thomas' Schlafzimmer, um mir mit einem guten Buch die Zeit zu vertreiben.

Durch das Fenster konnte ich sehen, dass es angefangen hatte zu schneien. Dicke weiße Flocken tanzten durch den schwarzen Nachthimmel.

Ich zog die Vorhänge zu, stellte die Heizung etwas höher und setzte mich auf Thomas' Bett. Direkt am Fußende stand sein Kleiderschrank. Um ihn kreisten meine geheimsten Gedanken. Thomas hatte ihn eines Tages vom Sperrmüll mitgebracht. Dem Schrank fehlten die Vordertüren, also tackerte Thomas einfach zwei schwarze Vorhänge an die oberste Leiste.

»Bella, weißt du, an was ich gerade denken muss?« fragte er, als er im Schrank stand und die Kleiderstange befestigte. Er blickte mich an, ich lag im Bett und las ein Buch. »Stell dir vor, jemand steht hier unbemerkt hinter dem Vorhang und beobachtet dich.«

»Beim Lesen?«, fragte ich gelangweilt.

»Nein, beim Blasen.«

Ich warf ihm einen Blick zu. Thomas stand komplett im Schrank, ich konnte nur noch eines seiner blauen Augen durch den Vorhangspalt erkennen.

»Oder beim Lecken, beim Stöhnen und Schreien ...«

»Lass uns das mal ausprobieren«, flüsterte ich und legte das Buch zur Seite.

Nach etwa zweieinhalb Stunden klingelte das Telefon in seinem Arbeitsraum. Ich drückte meine Zigarette aus und ging hinüber.

»Ja?«

»Bella, ich bin's. Ich komm gleich.«

»Bringst du jemanden mit?«

»Ja.« Er legte auf. Ich machte das Licht aus.

Nach ein paar Minuten hörte ich sein Auto auf der Straße. Er parkte ein. Autotüren.

Schlüsselgeklapper. Thomas' Balzlachen.

Eine Frau sprach zu laut, vielleicht war sie betrunken. Ich war gespannt, wie sie aussah.

Sie kamen die Treppe hoch, blieben immer wieder stehen, wahrscheinlich, um sich zu küssen. Dann schloss Thomas die Wohnungstür auf. Die Frau kicherte und das Licht in seinem Arbeitszimmer ging an.

»Hier wohne ich«, sagte er. Mehr eine Entschuldigung als eine Feststellung. »Willst du einen Kaffee? Oder etwas anderes?« Ich hörte, wie er Richtung Küche ging.

»Hast du einen herben Rotwein da?« Sie hatte eine tiefe, melodiöse Stimme. Ich hörte das Klacken ihrer Absätze, sah ihre Silhouette in der Schlafzimmertür. Die fremde Frau trug einen schwarzen Wintermantel mit Pelzkragen. Sie war klein und zierlich, fast jungenhaft, mit kurzem, verwuschelten Haar. Sie entsprach voll und ganz Thomas' Beuteschema.

Sie ließ einen neugierigen Blick unter langen, schwarzen Wimpern durch das Schlafzimmer gleiten, der an dem Kleiderschrank hängen blieb. Ich hielt den Atem an und zog mich noch tiefer in Thomas' Klamotten zurück.

»Der bestellte Rotwein für die Dame«, sagte Thomas und reichte ihr ein Weinglas. Er blieb dicht hinter ihr stehen, während sie das Glas mit beiden Händen umschloss und trank.

»Gefällt dir mein Schlafzimmer?« fragte Thomas.

»Mmmmh.«

»Soll ich dich ausziehen?« Seine Hände wanderten von hinten unter ihren Pelzkragen und öffneten langsam einen Knopf nach dem anderen. Die fremde Frau trank immer noch.

Thomas' Hände verschwanden unter dem Mantelstoff und umfassten ihren Körper. Sie nahm das Weinglas von der einen in die andere Hand und ließ den schweren Mantel einfach auf den Boden gleiten. Dann lehnte sie sich mit geschlossenen Augen gegen Thomas.

Sie trug einen schwarzen Rock und ein enges T-Shirt, unter dem sich kleine Brüste mit spitzen Brustwarzen abzeichneten. Sie trug keinen BH.

»Wie machst du es am liebsten?« fragte die fremde Frau, als ob sie sich nach seiner Lieblingsfarbe erkundigen würde.

»Was?« fragte er abwesend und küsste ihren Nacken.

»Ficken. Was denn sonst?«

Ich zuckte zusammen. Ich wusste, wie Thomas es hasste, wenn Frauen zu direkt sind.

»Ich weiß nicht«, antwortet er trocken und ließ seine Hände an seinem Körper entlang hinunterfallen. »Wie machst du es denn vorzugsweise?«

Sie stellte ihr Weinglas ab, nahm Thomas' Hand und führte ihn zum Bett. »Setz dich!« forderte sie ihn auf.

Thomas folgte gehorsam. Die fremde Frau stand so nah am Kleiderschrank, dass ich ihr Parfüm riechen konnte. Sie roch nach Vanille.

»Jetzt leg dich hin!«, befahl sie ihm bestimmt. Als Thomas in seinem Bett lag, glitt sie auf ihn, ihr Rock rutschte hoch und ich sah ihre schönen Oberschenkel.

Die fremde Frau führte Thomas' Hände über seinen Kopf. Sie knöpfte seine Hemdsärmel auf, knotete die Handgelenke an die Bettpfosten. »So! Genau so mag ich es«, sagte sie.

Thomas bewegte seine Hände und blickte von unten zu ihr hoch. »Ach, die kleine SM-Nummer«, sagte er, als ob er jeden Tag nichts anderes täte.

»Halt die Klappe!« sagte sie, zog ihm die Schuhe und Socken aus und fesselte seine Fußgelenke mit den Socken an die unteren Bettpfosten.

Ich musste innerlich ein bisschen über Thomas lachen, wie er da so hilflos lag.

Die fremde Frau zog ihr T-Shirt aus und verband damit seine Augen.

»Ich weiß nicht, ob ich das gut finde«, sagte er. »Ich möchte dich sehen.«

»Aber ich möchte nicht, dass du mich siehst!«, sagte sie sehr bestimmt.

Ich merkte, wie es Thomas unbehaglich zumute wurde. Er versuchte, sein Gesicht zu befreien und bewegte den Kopf hin und her.

»So!«, sagte sie und stand auf. »So ist es genau richtig.«

Dann ging sie in sein Arbeitszimmer und ich hörte, wie ein Feuerzeug ratschte. So eine Frau hatte ich noch nie erlebt. Sie machte es richtig spannend. Ich wechselte mein Standbein und kreiste einmal vorsichtig mit meinen verkrampften Schultern. Thomas rief bittend vom Bett aus: »Süße, komm her!«

»Warum?«, fragte sie und lachte. »Willst du mich ficken?«

»Ja, meinetwegen.«

Ich hörte Stoff auf den Boden fallen. Der Duft von frischem Tabak zog ins Schlafzimmer.

Ich hatte plötzlich auch Lust auf eine Zigarette.

Thomas bewegte unruhig seine Handgelenke in den Fesseln. Seine Erregung war auf dem Nullpunkt und ich sah, wie seine Lippen meinen Namen formten.

Was sollte ich jetzt tun? Ich verharrte gespannt und gab der fremden Frau gedanklich noch fünf Minuten. Aber dann erschien ihr schmaler Schatten wieder im Türrahmen. Sie stand einfach da und hielt eine Zigarette in der linken Hand. Sie betrachtete Thomas ruhig und war vollkommen nackt.

Im Gegenlicht sah ich die zarten Haare auf ihren Oberarmen, die sie vor ihren kleinen Brüsten verschränkt hielt, die weiche Linie ihrer Hüften, ihre langen, schlanken Beine.

Sie drückte die Zigarette mit einer leichten Bewegung am Türrahmen aus, kam auf Thomas zu und kniete neben dem Bett nieder. Sie öffnete seinen Gürtel. Dabei berührten ihre Brüste seinen Körper und Thomas atmete überrascht auf. Sie stieg einfach auf das Bett, stellte sich breitbeinig über ihn und fuhr mit ihrem Fuß über Thomas' Oberkörper, krallte sich kurz mit ihren Zehen in seinen Brusthaaren fest und wanderte dann langsam tiefer. Sie ließ sich Zeit. Ich sah, dass Thomas wieder erregt war. Er drückte seinen Kopf nach hinten und öffnete den Mund.

»Ist das schön?« fragte sie. Sie streichelte zart seinen Schwanz mit ihrem Fuß.

»Ja.«

»Soll ich weitermachen?«

»Ja!«

Ihr Fuß machte eine kleine Pause. »Ich habe dich nicht richtig gehört.«

»JA! Verdammt noch mal!«

»Willst du mich?«

»Bitte fick mich endlich«, flehte Thomas. Er schwitzte und wand sich verlangend auf seinem Bett.

Die fremde Frau schien zufrieden und nickte mit dem Kopf. Sie ließ sich auf alle viere nieder und beugte sich über sein Gesicht. Sie flüsterte ihm etwas zu. Thomas stöhnte auf und bewegte seinen Körper wie unter Schmerzen hin und her. Er versuchte, sie mit seinem Körper zu berühren, aber es gelang ihm nicht. Sie küsste seine Augen durch die Augenbinde. Ich sah, wie sie mit ihrer Zunge langsam um seine Lippen fuhr. Thomas schnappte mit offenem Mund nach ihr und versuchte, sie zu küssen. Aber sie ließ ihn nicht. Sie griff in sein Haar und zog seinen Kopf nach hinten, dann küsste sie sein Kinn und seinen Hals. Thomas atmete laut mit offenem Mund. Ich sah, dass er eine Gänsehaut an den Armen hatte. Sie küsste seine Achselhöhlen. Er bäumte sich auf, aber er erreichte ihren Körper nicht.

»Bitte«, winselte er mit trockenen Lippen.

Sie bewegte ihren Körper auf Thomas' Gesicht zu, kniete sich auf seine Schultern, sodass sein Kopf zwischen ihren Beinen lag. Bei der ersten Berührung seines Gesichts mit ihren Schamlippen ging ein Zittern durch ihn. Seine Hände griffen nach den Bettpfosten.

Mir wurde es plötzlich auch heiß zwischen den Beinen und ich lehnte mich an die Rückwand des Schrankes.

Sie ließ sich von ihm lecken. Ich sah, wie sich ihr schmaler Rücken in lasziven Wellen bewegte. Sie stützte sich mit beiden

Händen an der Wand ab und warf ihren Kopf nach hinten. Meine Hand wanderte zwischen meine Beine, ich tat es unbewusst, musste mich einfach anfassen.

Ich sah ihren kleinen Arsch, der sich in verlangendem Rhythmus gegen Thomas' Gesicht presste und hörte ihr tiefes Stöhnen.

»Jaa«, seufzte sie und griff an ihre Brüste. »Du machst das gut!«

Thomas gab schmatzende Geräusche von sich, sein Schwanz zuckte wild. Eine heiße Unruhe erfasste mich. Wie gerne wäre ich jetzt dabei.

Die fremde Frau flüsterte die ganze Zeit unverständliche Sätze. Sie griff sich ins kurze Haar und ritt immer schneller auf Thomas' Zunge. »Ooh, gleich …« stöhnte sie. »Ich komme, ich komme, ich …«

Dann kam sie. Schnell. Sie schrie ein paar Mal auf, ich glaubte, es war sogar ein Name dabei. Sie warf ihren Kopf nach vorne und griff mit den Händen ziellos in die Luft, dabei erwischte sie das Bild, das über Thomas' Bett hing, und riss es herunter. Ich hörte Glas splittern. Sie schrie immer noch, lachte und flüsterte dann »Oh, Scheiße …« und sank auf Thomas nieder. Atemlos.

Thomas war zu erstaunt, um zu lachen. Er lag dort mit nassen, geöffneten Lippen.

»Tut mir leid wegen des Bildes«, sagte sie, immer noch nach Atem ringend.

»Egal«, sagte Thomas. »War sowieso hässlich. Mach mich jetzt los!«

»Warum?«

»Ich zeig dir jetzt, was mir gefällt.«

Sie stand unvermittelt auf und ging ins Nebenzimmer. Ich hörte zu meiner Überraschung, dass sie sich anzog.

»Was soll das?«, fragte Thomas verärgert. »Willst du mich so liegenlassen?«

Die fremde Frau antwortete nicht. Ich hörte, wie sie sich die Schuhe anzog. Dann: Schritte, sie öffnete die Haustür und ging. Ich war zu überrascht, um hinter dem Vorhang hervorzukommen.

Nach einer Minute des Schweigens sagte Thomas: »Bella, verdammt noch mal, klapp deinen Mund zu und mach mich los!«

Ich stieg aus dem Schrank, blieb neben dem Bett stehen und lachte: »Wie machst du es denn vorzugsweise?«

»Sehr witzig! Guck mal aus dem Fenster, ob diese Verrückte wirklich weg ist!«

Ich ging in sein Arbeitszimmer, warf einen Blick auf die Straße und erstarrte. Die fremde Frau stand unten im Licht der Straßenlaterne, Schneeflocken tanzten um ihre schmale Gestalt, und blickte zu mir hoch. Sie warf mir lächelnd eine Kusshand zu, zog den Pelzkragen ihres Mantels enger und ging.

»Sie hat die ganze Zeit gewusst, dass ich da war, Thomas«, sagte ich erstaunt und ging ins Schlafzimmer zurück. Ich zog ihm das T-Shirt der Fremden vom Gesicht herunter und erwartete einen ungläubigen Blick. Doch ich sah nur ein breites, unverschämtes Grinsen.

»Du hast es ihr gesagt?« fragte ich.

Thomas zuckte die Schultern. »Sie steht nun mal auf Frauen. Was hätte ich tun sollen? Die Vorstellung, dass eine Frau sie beobachtet, hat sie total scharf gemacht.«

»Du Verräter!«

»Ja.«

»Du mieser Schauspieler! Dafür nehme ich dich jetzt richtig!«

»Oh, ja!«

Die 13. Geschichte vom besten Sex

HITZE

Lotte (28), Grundschullehrerin, Münster
über
Alex (29), Unternehmer, Münster

Es ist tatsächlich eine fremde und fantastische Welt, die sich da sieben Grad nördlich des Äquators befindet: Palau. Auf seinen gut dreihundert Inselchen, nur neun davon besiedelt, gibt es verborgene Seen mit Millionen schillernder Quallen und märchenhafte Riesenmuscheln auf dem Grund des Ozeans, in deren Schalen sich ein kleines Kind verstauen ließe.« Nachdem ich diesen Satz in der Reise-Rubrik einer Tageszeitung gelesen hatte, war klar: Meine nächste Reise musste nach Palau gehen! Besser gesagt: unsere Reise. Denn ohne meinen Freund Alex fuhr ich nirgendwo hin.

»Wer oder was ist Palau?« fragte er mit einem Gesichtsausdruck, der an ein einziges, riesiges Fragezeichen erinnerte.

»Das liegt in der Südsee! Wir könnten jeden Tag im Sand liegen, den Kopf ins Wasser stecken und mit Schildkröten schwimmen. Ist das nicht toll?«

Er ließ sich aufs Sofa plumpsen, zappte geistesabwesend durchs TV-Programm und fragte gelangweilt: »Gibt es da wenigstens All-in'?«

Ich war genervt. In den sechs Jahren, in denen wir zusammen waren, verbrachten wir vier von fünf Urlauben in der Türkei. Den fünften verschwendeten wir bei Alex' Eltern im Sauerland. Vierzehn Tage wandern, Kaffeetrinken und Verwandtschaftsbesuche. Das musste ein Ende haben. Ich wollte reisen. Reisen im Sinne von entdecken!

»Komm schon. Wir sollten mal was anderes machen! Das erweitert den Horizont ...«

Keine Reaktion.

»Nur wir zwei und 291 einsame Inseln. Was meinst du, was wir da alles anstellen könnten?«

Der Fernseher verlor für Alex plötzlich an Reiz.

»Okay. Wann geht's los?«

Acht Wochen später landeten wir in Koror, der Hauptstadt von Palau. Als sich die gläserne Tür des Flughafens hinter uns schloss und wir zum ersten Mal Südseeluft schnupperten, war mir klar, dass dieser Urlaub anders werden würde als alles, was wir bisher erlebt hatten. Es war, als wenn uns jemand die Tropenhitze mit einem riesigen Fön ins Gesicht blasen würde. Die Klamotten klebten uns schlagartig am Körper und in der Luft hing der Geruch von Schweiß, Salzwasser und exotischen Früchten. Dieses Land schrie förmlich danach, halbnackt erkundet zu werden!

Ein kleines Motorboot brachte uns zu unserem Hotel, das auf einem der besagten, abgesehen von den Hotelgästen, unbewohnten Inselchen liegen sollte. Als wir dort ankamen, hatte sich jedoch bereits die frühe, tropentypische Dunkelheit über den Inselstaat gelegt und uns blieb nicht viel mehr übrig, als auf den nächsten Morgen zu warten. Wenn unser Leben wie in einem Sexroman wäre, hätten wir uns sicher noch vernascht. Hätten wilden, hemmungslosen Sex im noch fremden Hotelbett gehabt. Unser Stöhnen unten, das Summen des Ventilators über uns.

Keine Chance.

Wir waren völlig erschöpft und schliefen ohne große Worte und Taten ein.

Am nächsten Morgen weckte uns der Palausche Wecker: singende Vögel, rauschende Palmen und der Klang des Meeres. Ich stand mit Herzklopfen auf und schob die Vorhänge vor unserem Hotelzimmerfenster (eigentlich handelte es sich bei unserer Behausung eher um eine Bambushütte) beiseite. Ich konnte es nicht glauben! Uns trennten gerade mal fünfzig Meter, eine Hand voll Palmen und ein paar Tonnen weißer Sand vom Meer! Vor mir lag die Südsee und am Horizont erkannte ich die Umrisse unzähliger, grünbewachsener Inselchen. Hier musste Bounty erfunden worden sein! Und Cocktailschirmchen! Und Sonnenliegen! Ganz bestimmt.

Inzwischen war auch Alex aufgestanden und stand jetzt mit halb offenem Mund neben mir.

»Okay, ich gebe zu – das war eine super Idee. Das Sauerland kann mich mal!«

Wir zogen uns in null Komma nichts an (was wohl auch daran lag, dass wir nicht viel mehr als Bikini und Shorts benötigten) und gingen auf unsere erste wahre Entdeckungstour.

Wir erkundeten das Hotelgelände, sprangen in den lauwarmen Pool und liefen danach zum Strand. Während ich mich für die Badewannentemperatur des Meeres und unzählige Muscheln unter meinen Füßen begeisterte, hatte Alex längst eine viel spannendere Entdeckung gemacht.

»Guck mal, Lotte!«, rief er mir zu.

Sein linker Fuß thronte auf einem verlassenen Kanu, das halb versteckt unter einem Haufen Sand lag. Die Ruder steckten links und rechts davon im Boden.

»Los, das machen wir!« Sein Gesichtsausdruck sah dabei aus wie der eines rothaarigen Rotzbengels mit kindischen Plänen.

»Okay.« Was blieb mir anderes übrig? Schließlich war er ja auch mir zuliebe hierher gekommen.

Nachdem Alex mir in Stewardessmanier vorgeführt hatte, wie ich mein Paddel zu benutzen hatte, zogen wir das Kanu ins Wasser und kletterten hinein. Nach zehn schweißtreibenden Minuten waren wir mitten auf dem Meer. Eine Einsicht, die mir Angst einjagte.

»Was ist mit Haien?«, rief ich nach vorn.

»Du Weichei. Uns passiert schon nix«, antwortete Alex grinsend und ruderte munter weiter.

Zu meiner Erleichterung war bald eine der Inseln in greifbarer Nähe. Wir umruderten ein paar Klippen und bestaunten das Eiland, das tatsächlich wie ein überdimensionales, grün bemoostes Ei aus dem babyblauen Wasser ragte.

Nach weiteren fünf Minuten des Staunens tat sich vor uns eine Art Garten Eden auf. Wir steuerten eine kleine Bucht an, die von Palmen und großblättrigen Büschen gesäumt war und von türkisblauem, glasklaren Wasser umspült wurde.

»Heilige Scheiße«, hörte ich Alex flüstern. Meinem geliebten Großmaul hatte es offenbar die Sprache verschlagen. Eins zu Null für mich.

Wir paddelten an Land und brachten das Kanu in trockene Sicherheit.

»Komm, wir machen einen auf *Die Blaue Lagune*«, schlug ich vor und riss mir im gleichen Atemzug das Bikinioberteil vom Körper. Zwei Sekunden später landete auch noch mein Höschen im Sand hinter mir.

»Und wenn hier doch einer ist?«, fragte Alex mit besorgtem Gesicht.

»Quatsch! Wer soll hier denn sein? Einer, der auch mal einen Ausflug machen wollte und sein Boot nicht wiedergefunden hat?«

Alex schien beruhigt. Er fingerte, um sich schauend, an seinen Shorts herum, ließ sie auf den Boden gleiten und kickte sie grinsend zur Seite. Als er plötzlich so splitterfasernackt am Strand stand, erinnerte ich mich daran, warum ich mich damals in ihn verliebt hatte: Nicht nur, dass er das Gesicht und die Frisur eines modernen James Dean hatte, auch sein Körper war schlichtweg makellos. Er hatte breite, kräftige Schultern, eine Brust wie zwei stramme Halbmonde, einen dezenten Sixpack und einen perfekten, beschnittenen Schwanz, der jetzt zwischen seinen trainierten, zart behaarten Beinen baumelte.

Alex kam auf mich zu, nahm mich auf den Arm und trug mich ein paar Meter weit in die glitzernde Südsee. Das Wasser stand uns jetzt bis zum Hals und Alex umklammerte mich immer noch fest. Er presste seine salzigen, mit Meerwasser benetzten Lippen auf meine und begann, mit meiner Zunge zu spielen. In meiner Brust machte sich ein warmes Kribbeln breit, das dann mehr und mehr in Richtung Körpermitte wanderte. Ich spürte, wie ich Lust bekam und feucht wurde. Aber ich wusste auch, dass sich mein wertvoller Saft in Luft auflösen würde, wenn wir länger im Wasser blieben (Derjenige, der das Gerücht in die Welt gesetzt hat, dass Sex im Wasser Spaß macht, muss ein jungfräulicher Märchenerzähler sein!).

»Komm«, unterbrach ich Alex' Küsse, »lass uns ein ruhiges Plätzchen an Land suchen, ja? Da macht es mehr Spaß.«

Wir wateten zurück an Land und schauten uns nach ein paar versteckt liegenden Quadratmetern um. Unter einem der Büsche mit XXL-Blättern wurden wir fündig: Dort hatte sich eine Art Höhle gebildet, die zu allen Seiten blickdicht war. Perfekt für unsere Pläne.

Wir krabbelten unter den Strauch und ließen uns in den warmen Sand fallen. Ich zögerte nicht lange, setzte mich breitbeinig auf Alex, beugte mich zu ihm hinunter und fing an, an seinem Hals zu saugen. Ganz langsam ließ ich dabei mein Becken kreisen. Alex atmete schwer und ich merkte, dass »er« schon hart war. Sein warmer, sandiger Schwanz drückte von unten gegen meine feuchte Spalte. Mir war heiß, ich schwitzte vor Lust und die Tropensonne tat ihr Übriges.

Alex' Hände wanderten jetzt zu meinem Busen und fingen an, meine Nippel zu massieren. Er presste seine Daumen dagegen und ließ sie langsam kreisen. Ich bekam Gänsehaut, vom Haaransatz bis zu den Zehen! Dann zog Alex mich zu sich herunter, schaute mir in die Augen und flüsterte: »Ich will dich ficken, Baby.« Ich mochte es, wenn er den Kopf ausschaltete und nur noch mit seinem Schwanz dachte. Er zog mich von sich herunter, richtete sich halb auf, presste mich mit dem Rücken in den Sand und schwang sein Bein über mich. Dann griff er nach meinen Beinen, spreizte sie und drückte sie leicht nach hinten. Er spuckte sich in die Handinnenfläche und fing an, meine Kirsche zu streicheln. Erst mit der flachen Hand, dann mit Daumen und Zeigefinger. Ich stöhnte laut auf und presste meinen Hinterkopf in den Sand. Mir wurde schwindelig. Von der Wärme, dem blendenden Sonnenlicht und dem Anblick von Alex' Silhouette. Er beugte sich zu mir herunter und begann, es mir mit dem Mund zu besorgen. Er ließ seine nasse Zunge zwischen meinen Schamlippen rauf und runter gleiten, benutzte sie dann, um meinen Kitzler zu massieren und versenkte sie zuletzt in meinem Loch. Ich krallte mich im Sandboden fest und musste mich zusammenreißen, noch nicht zum Höhepunkt zu kommen. Alex merkte anscheinend, dass ich kurz vorm Explodieren war und verharrte.

»Nein, nicht aufhören!«, stöhnte ich.

Er richtete sich ein wenig auf, drückte meine Beine weiter auseinander, griff nach seinem Schwanz und strich mit seiner prallen Eichel über meine Klitoris. Dann drang er mit einem lauten Seufzer in mich ein. Ich spürte, dass sein Schwanz noch ganz sandig war. Aber das störte mich nicht. Im Gegenteil!

Alex stieß immer wieder zu, zog seinen Schwanz zwischendurch raus, um gleich danach wieder tief in mich einzudringen.

Ich schloss die Augen und rief mir ins Gedächtnis, wie unfassbar aufregend das Ganze war! Alex und ich in der Südsee, ganz allein auf einer Insel, vögelnd. Diese Vorstellung machte mich noch heißer und ich musste mich einfach anfassen. Während Alex mich fickte, schaute ich ihm dabei zu und streichelte meine Cocktailkirsche. Dann konnte ich nicht mehr. Der beste Orgasmus meines Lebens überrollte mich wie eine der Wellen, die wenige Meter neben uns rauschten. Mein Körper zuckte. Dann kam auch Alex und ich spürte, wie sich sein warmer Saft in mich ergoss. Erschöpft ließ Alex sich neben mich fallen.

Nach ein paar wortlosen Momenten drehte ich mich zu ihm um und sagte:

»Lass uns zurück zum Hotel, okay? Ich hab Angst, dass wir aus irgendeinem Grund hierbleiben müssen. Vielleicht ist das Boot abgetrieben. Oder so.«

»Wäre das so schlimm? Ich wüsste schon, wie wir uns hier beschäftigen könnten!«, antwortete Alex und zog mich wieder zu sich heran.

Die 14. Geschichte vom besten Sex

SALSA AUF DER ZUNGE

Sanja (40), Grafik-Designerin, Grevenbroich
über
Jürgen (38), Bürokaufmann, Grevenbroich

Noch jemand einen Tequila? Señoras?«, fragte Jürgen und lächelte mich auffordernd an.

Ich blinzelte in die untergehende Sonne und winkte ab.

»Nein danke, für mich auch nicht mehr«, sagte meine Freundin Nina neben mir und verzog angewidert das Gesicht.

Ich dippte dafür noch einen Tortillachip in die leckere Guacamole-Sauce und ließ meinen Blick über die Gäste wandern, die auf Holzbänken rund um das Lagerfeuer saßen. Nina hatte ein paar Frauen aus ihrem Salsakurs, die dazugehörigen Tanzpartner, sogar einen echten mexikanischen Mariachi-Gitarristen, mich, ihre beste Freundin – und ihn zu einem mexikanischen Abend in ihren Garten geladen.

Er, das war Jürgen, und ich musste ein Schütteln verbergen, wenn ich ihn ansah. Er war einer dieser Männer, bei denen man nicht wusste, wo man zuerst wegsehen sollte: von der stolzgeschwellten Brustmuskulatur, den geschmacklosen Tätowierungen am Unterarm oder dem selbstverliebten Getue. Sein brüllendes Lachen jagte mir jedesmal eine Gänsehaut über den Rücken.

Jetzt gockelte er schon wieder auf der Wiese am Grill herum, hantierte fachmännisch am Hackfleisch für die Chiliburger und ließ dabei demonstrativ seine Oberarmmuskeln spielen.

»Unseren Jürgen würde ich auch nicht von der Bettkante stoßen«, murmelte Nina, als sie meinen Blick bemerkte.

Ich verschluckte mich fast an der Guacamole und brachte nur ein Stöhnen heraus.

»Hab gehört, er kann gut lecken!«

»Na, dann ... Solange er dabei den Mund hält.« Ich zog meinen geblümten Wickelrock enger um meine Beine.

Nina lachte. »Du hast es auch mal wieder nötig, Sanja. Bist schon ganz verspannt.«

Mir fiel plötzlich ein anderer Mann ins Auge, der mit ausgestreckten Beinen neben dem kleinen Mariachi-Gitarristen saß. Ich hatte ihn vorher noch gar nicht bemerkt. Er hatte langes schwarzes Haar, das ihm ins Gesicht fiel, und einen wunderbar großen, geschwungenen Mund. Er blickte ins Feuer und sang leise zur Gitarre mit. Ich kramte nach einer Zigarette und ließ mir von Nina Feuer geben. »Wer ist das?«, flüsterte ich ihr zu und deutete mit der Zigarette in seine Richtung.

»Carlos, ein unglaublich musikalischer Typ! Er spielt neben Gitarre auch noch fantastisch Vihuela, Guitarron, Geige, Trompete, Maracas ...«

»Nein, links daneben!«

»Ramiro, sein jüngerer Bruder. Aber vorsicht: Carlos passt gut auf ihn auf!«

»Jaja.«

Als hätte er unser Gespräch gehört, warf Ramiro mir einen Blick unter langen Wimpern zu und lächelte. Mir ging dieses Lächeln direkt zwischen die Beine und ich wechselte nervös meine Sitzposition. »Ich glaub, ich muss mal eben für kleine Gitarristen«, sagte ich und stand auf.

Ich stolperte aus dem Lichtkreis des Lagerfeuers in den nachtschwarzen Garten hinein und tastete mich ein Stück an der Gartenmauer entlang. Während ich dort meinen Rock raffte und im

Hocken erleichtert die Blumen wässerte, hörte ich Gesprächs-fetzen vom Lagerfeuer und melodiöses Gitarrengeklimper, un-terbrochen von Jürgens brüllendem Lachen. Gott, wie mir die-ser Mann auf die Nerven ging! Noch nicht mal in Ruhe pinkeln konnte man.

Ich rauchte meine Zigarette zu Ende und starrte in den Nacht-himmel, an dem ein fahler Neumond klebte. Plötzlich näherten sich unsichere Schritte, ein Stolpern, Gemurmel: ein Mann, der wohl auch ein einsames Plätzchen suchte. Ich blickte einer gro-ßen, schmalen Silhouette entgegen, die sich mir näherte. Ich zog noch mal demonstrativ an der Zigarette, um durch das Aufleuch-ten der Glut auf mich aufmerksam zu machen. »Hola«, sagte eine freundliche, jungenhafte Stimme. »Stör ich?«

»Nein, bin gerade fertig. Hier sind leider nur gemischte Toi-letten!«

Er lachte und sagte: »Ich sehe leider gar nichts. Bin übrigens Ramiro.«

»Ich bin Sanja, Freundin von Nina.«

»Hola Sanja!«

Es entstand eine kleine Pause, in der wir uns in der Dunkelheit gegenüberstanden. Ich konnte den Duft seines Haars riechen. Bis mir auffiel, dass ich ihn wahrscheinlich von wichtigen Dingen abhielt. »Also, ich geh dann mal. Bis später.«

Er murmelte irgendwas.

»Bitte?«

»Küss mich mal eben«, sagte er.

Ich glaubte, mich verhört zu haben. Das kann er doch nicht wirklich gesagt haben. Nicht, nachdem er mich eben zum ersten Mal gesehen hatte. Kein Wunder, dass sein Bruder aufpasst wie der Teufel.

»Nein«, sagte ich überrascht – und nach einem Räuspern höf-licher: »Tut mir leid.«

Er lachte in der Dunkelheit. »Ja, ist schon gut. Ich werde den Korb überleben.«

»Ist kein Korb«, sagte ich. »Nur der falsche Moment.« Und damit ging ich.

Jetzt brauchte ich doch dringend einen der klaren Tequilas, die auf einem Holzbrettchen bereitstanden. Ich leckte mir über den Handrücken, rieselte ein wenig Salz auf die feuchte Stelle und griff eine frisch geschnittene Zitronenscheibe. Nina tanzte mittlerweile Salsa mit einem Mann, der einen großen Sombrero auf seinen blonden Locken trug. Drei andere Pärchen taten es ihnen gleich. Sie schwangen zu Carlos' stampfendem Gitarrenspiel stolz und aufreizend ihre Hüften – zwischen aufblasbaren Kakteen und Chiligirlanden.

Todesmutig kippte ich mir den bitteren Tequila in den Mund und biss mit zusammengekniffenen Augen in die Zitronenscheibe. Sie schmeckte unbeschreiblich sauer.

Und als sich mein tränender Blick nach ein paar Sekunden klärte, fiel er leider sofort auf Jürgen, der mich über das Lagerfeuer hinweg eindeutig zweideutig fixierte, während er sich – ein kleines Tequilaglas mit Zitronenscheibe in der Rechten – aufreizend langsam das Salz von Daumen und Zeigefinger leckte. Ich sah seine feuchte Zunge hin- und hergleiten und ein plötzlicher Kälteschauer überfiel mich. Geschmackloser ging's wohl nicht mehr.

Nach dem dritten Tequila stieg meine Stimmung endlich, obwohl ich den schwarzhaarigen Ramiro aus den Augen verloren hatte. Daher war ich freudig überrascht, als er sich plötzlich neben mich schob und mit starrem Blick in eine andere Richtung flüsterte: »Señora, um Mitternacht am Ende der Gartenmauer.«

Ich nickte leicht und bemerkte, wie mein Herzschlag vor Aufregung einmal aussetzte.

Je später die Nacht, umso alberner die Gäste und umso nervöser ich. Nach einem unauffälligen Blick auf meine Uhr kurz vor

Mitternacht, löste ich mich mit einer genuschelten Entschuldigung von Nina und schlenderte ins rabenschwarze Dunkel ihres Gartens. Ein Blick über meine Schulter sagte mir, dass Ramiro auch nicht mehr am Feuer saß.

Ich hangelte mich nicht mehr ganz so souverän an der Gartenmauer entlang und versuchte angestrengt, meine Augen an die Dunkelheit zu gewöhnen. Plötzlich packten mich zwei Arme an der Jacke und zogen mich schnell um die Ecke. Ich gab einen überraschten Laut von mir. Sofort drückte sich ein gieriger Mund auf meinen und ein großer Männerkörper presste mich an die noch sonnenwarme Mauer.

Mein Verstand knipste sich aus. Großer Bruder hin oder her. Mein erhöhter Tequilapegel senkte meine Moralgrenze bis weit unter Null.

Ich musste gar nichts machen. Und mein Atem beschleunigte sich auch ganz von selbst, während seine Hände mich an den Schultern gegen die Wand pressten und sein Unterleib sich aufreizend an meinem rieb. Als ich seine Erektion an meinem Bauch spürte, verging ich fast vor Geilheit.

Oh ja, ich hatte lange keinen guten Sex mehr gehabt – nicht einmal schlechten Sex – und das wurde mir in diesem Moment sehr bewusst.

Der Mann küsste sich von meinem Mund zu meinem Hals, knöpfte dabei die Knopfleiste meines Tops auf und setzte verlangende Küsse zwischen meine Brüste. Als seine Hände zwischen meine Beine griffen, blitzte in mir kurz die Hoffnung auf den Oralsex meines Lebens auf. Schon der Gedanke daran ließ meine Oberschenkel zittern. Ich schickte ein Stoßgebet zur fahlen Mondsichel am Himmel: Bitte, lieber Mond, mach, dass er niederkniet. Bitte!

»Das hatte ich vor, Señora«, flüsterte es heiser von unten herauf.

Hatte ich das wirklich gerade laut gesagt? Peinlich!

Irgendwie klang seine Stimme verändert. Aber das konnte an der aufgeheizten Stimmung liegen – schamloser Sex lag eindeutig in der Luft – oder daran, dass er schon am Bund meines Wickelrocks entlang leckte. Langsam und sanft schob er den Stoff über meinen Oberschenkeln auseinander, wobei er meinen Bauchnabel küsste und sich in gerader Linie tiefer leckte.

Ich hätte ihn jetzt zu gerne gesehen, wie er vor mir im Gras kniete und mich wie eine reife Frucht auspackte. Warum war es nur so dunkel?

Ich griff in sein Haar, das sich leider nicht so dicht anfühlte, wie es von weitem schien.

Aber egal, sein warmer Atem an meinem Slip legte alle klaren Gedanken lahm. Ich glaube, er zog ihn langsam mit seinen Zähnen runter und drückte dann einen langen Kuss auf das, was da so sehnsuchtsvoll-feucht auf ihn wartete. Er schlängelte mit seiner Zunge genießerisch an meinen Schamlippen entlang und leckte, als ob ich eine seltene mexikanische Delikatesse wäre. Dann endlich ergriff er mein linkes Fußgelenk und legte es sich über die Schulter. Meine Beine glitten auseinander und sein Gesicht verschwand unter meinem Wickelrock. Ich spürte nur noch seinen heißen, nassen Mund an mir und stieß einen lauten Seufzer aus. Er war so gut – und es machte ihm auch noch richtig Spaß!

Ich hörte, wie er immer schneller atmete, während seine Zunge sanft über meinem Kitzler hin und her glitt. »Hör bitte nicht auf«, murmelte ich.

Er knetete mit einer Hand meinen Hintern, seine andere streichelte zärtlich meine Schamlippen, während seine wunderbaren Lippen an mir saugten.

Das war einfach zu viel für mich! Ich fühlte, wie mein Orgasmus wie eine dunkle Riesenwelle heranrollte und mich komplett überschwemmte.

»Hör nicht auf, hör nicht auf!« Ich schrie fast, als seine Zunge mich kommen ließ und krallte meine Finger in sein Haar. Er leckte begierig weiter und ließ bis zum Schluss nicht von mir ab. Dann sah er ziemlich kurzatmig zu mir hoch: »Das ging aber schnell!«

»Du ... du bist einfach zu gut«, flüsterte ich.

»Ich weiß«, sagte er, stand auf, klopfte kurz seine Hosenbeine ab, gab mir noch einen feuchten Kuss auf meinen atemlosen Mund und ließ mich einfach stehen. Mit nackten Brüsten und das Gesicht in den Nachthimmel gereckt.

Ich musste mich erst einmal setzen und eine Zigarette danach rauchen. Meine Oberschenkel zitterten immer noch. Ich grinste völlig entspannt in die Nacht hinein.

Als sich mein Atem endlich beruhigt hatte, schlich ich im Schutz der Dunkelheit an den Feuerplatz zurück. Ich konnte mir ein dämliches Grinsen kaum verkneifen, als ich Ramiro neben seinem Bruder sitzen sah. Diesmal spielte Ramiro auf der Gitarre und Carlos sang dazu.

»Wo warst du so lange?«, stieß mich Nina in die Seite. »Du hättest gerade den Canción Ranchera von Carlos und Ramiro hören sollen. Zweistimmig! Hat mir fast die Tanzschuhe ausgezogen ...«

Ich sah sie fassungslos an: »Canción Ranchera? Was ist das denn?«

»Ach, eine Ballade über unerfüllte Liebe ...«, Nina seufzte tief und wischte sich tatsächlich eine Träne aus dem Augenwinkel.

»War er die ganze Zeit hier? Ramiro, meine ich?«

»Worauf du dich verlassen kannst. Carlos lässt seinen kleinen Bruder doch keine Sekunde aus den Augen!«

Der Sinn ihrer Worte sickerte mir so langsam in mein vernebeltes Gehirn, während mir Nina zuflüsterte: »Aber mal unter uns, Sanja, dein Top steht ziemlich weit offen!«

Ein brüllendes Lachen ließ mich nervös aufblicken. Jürgen grinste mir hinter einer Chiligirlande vertraulich zu und leckte sich – ein Tequilaglas mit Zitronenscheibe in der Rechten – aufreizend langsam das Salz von Daumen und Zeigefinger.

»Nina, gib mir sofort einen Tequila!« flüsterte ich.

Die 15. Geschichte vom besten Sex

BAYWATCH

Nathalie (29), Designerin, Berlin
über
Alejandro (32), Tauchlehrer, Cancún

Ich lag auf meinem Hotelbett und genoss die Abendruhe. Splitterfasernackt lag ich hier, eingehüllt in ein leichtes Leinenlaken. Klar, ich hätte auch die Klimaanlage aufdrehen können, aber dann hätte ich ja nicht gespürt, wo ich war: in Mexiko! Unglaublich, ich konnte es selbst noch nicht ganz glauben. Mexiko. Was für ein Land. Voller Farben, voller Kultur und vor allem voller Leidenschaft. Ein Land, das inspiriert. Und Inspiration konnte ich nur zu gut gebrauchen, denn zu Hause wartete viel Arbeit auf mich. Die Sommerkollektion für das kommende Jahr musste dringend fertiggestellt werden. Aus diesem Grund war ich hier. In Mexiko. Ich war zur Inspirationsquelle des gesamten Designteams auserkoren worden, machte Bilder und steckte alles Inspirierende ein, was mir in die Hände geriet.

Ich räkelte mich auf der Matratze, wickelte mich in mein Laken und versuchte zu schlafen. Denn am nächsten Tag wartete das größte Abenteuer der Reise auf mich. In ein paar Stunden sollten sich endlich die vielen Stunden im Hotelpool bezahlt machen! Ich hatte meinen Chef dazu überreden können, mir einen Tauchkurs zu finanzieren. Die Unterwasserwelt als unerschöpfliche Inspirationsquelle – da konnte er einfach nicht Nein sagen. »Allein die Art, wie sich Stoffe im Wasser bewegen – faszinierend.« So hatte ich mir meine allerersten Tauchstunden herbeiargumentiert.

Am nächsten Morgen begegnete ich meinem Tauchlehrer – einem Kerl, der so aussah, wie er hieß: Alejandro. Ich paddelte noch ein wenig unbeholfen mit meinen Flossen im Pool herum, als er um die Ecke bog. Wenn mein Badehöschen in diesem Moment nicht sowieso schon geflutet gewesen wäre, wäre mir wohl augenblicklich die Nässe zwischen die Beine geschossen. *Der perfekte Mann*, dachte ich. Und ich musste mich zusammenreißen, nicht zu offensichtlich zu ihm rüberzugaffen. Er war nicht makellos, erschien mir aber vielleicht gerade deswegen ungeheuer attraktiv. Sein Haar war dunkel und dicht, aber hier und da vielleicht ein bisschen zu lang. Seine Augen erinnerten mich an Caramel Chew Chew-Eis von Ben & Jerry's, blickten aber ein wenig zu vorwitzig drein. Als ich merkte, dass Alejandro zu mir rüberkam, verschluckte ich mich fast am Chlorwasser.

»Hi, ich bin dein Tauchlehrer. Ich heiße Alejandro und ich glaube, wir werden in den nächsten Tagen viel Spaß miteinander haben.«

Das denke ich auch, Alejandro. Mein Herz machte einen kleinen Freudensprung.

Alejandro war jemand, von dem ich nie erwartet hätte, dass er mir auch nur eine Spur von Aufmerksamkeit schenken würde. Keine Ahnung warum, aber ich hielt mich immer für einen Tick hässlicher, dicker und unwitziger als ich in Wirklichkeit war. Aber, um ehrlich zu sein, war das bei Männern oft mein Vorteil. Ich wirkte nicht arrogant und hatte ein »offenes Wesen«. Ich glaube, damit wickelte ich auch Alejandro um den Finger.

Typisch ich: Zuerst bemerkte ich gar nicht, dass er Interesse an mir hatte. Ich meine, Körperkontakt mit dem Tauchlehrer ist doch normal, oder nicht? Aber Alejandro suchte immer wieder meine Nähe und mir wurde klar: Mensch Nathalie, der Typ steht auf dich! Bei dieser Einsicht liefen meine Wangen pink an. Zum Glück klebte eine Tauchmaske vor meinem Gesicht!

Nach einem gemeinsamen Tag im Türkis des Hotelpools, ging es raus aufs Meer. Ich wusste noch nicht, ob ich mich freuen oder fürchten sollte. Aber eines wusste ich ganz genau: Ich war ungeheuer gespannt auf dieses Abenteuer mit Alejandro.

Wir fuhren mit einem kleinen Boot in Richtung Klippen. Der Tag war immer noch perfekt und die Sonne stand trotz später Stunde steil am tiefblauen Himmel. Es war nicht das erste Mal, dass ich Alejandro in seinem Taucheranzug sah – aber jetzt kam er mir noch schöner vor als zuvor. Sein Körper war athletisch und sein gebräunter Teint passte perfekt zur Umgebung: Meer, Sonne, Salz und Wind. Ich lehnte mich zurück, genoss den Fahrtwind und – ganz heimlich – Alejandros Anblick.

Das Boot kam nach einer knappen halben Stunde zum Stillstand und ich blinzelte über den Bootsrand: Das Festland war nur noch als schmaler Streifen am Horizont zu erkennen und um uns herum war nichts außer dunkelgrauen Klippen und tiefblauem Meer. Wir griffen uns unsere Ausrüstung und Alejandro ging mit mir noch einmal alles durch. Dann: platsch! Ich ließ mich rücklings ins Wasser fallen und er folgte mir. Nachdem ich mich an das Atmen mit Sauerstoffmaske gewöhnt hatte, gab mir Alejandro das Zeichen abzutauchen. In seiner Nähe fühlte ich mich sicher und ließ mich langsam gen Meeresboden sinken. Um mich herum war nur noch Wasser. Unter mir jagte ein Fischschwarm dahin, der im letzten Sonnenlicht des Tages glänzte. Ich fühlte mich wie in einem Postkartenidyll. Der Anblick war zu kitschig-schön, um wahr zu sein. Ich war wie verzaubert, fühlte mich schwerelos und unglaublich frei. Ich wagte mich Stückchen für Stückchen tiefer, blickte nur kurz in Richtung Wasseroberfläche und erkannte nicht, dass ich schon verdammt tief gesunken war. Völlig in Gedanken ließ ich mich von einem Fischschwarm zum nächsten treiben.

Dann entdeckte ich etwas Glitzerndes, weiter unten. Dinge, die glitzern, ziehen mich magisch an. Das war schon immer so. Ich musste einfach sehen, was da unten funkelte. Doch je weiter ich dem vermeintlichen Schatz entgegenschwamm, desto entfernter wirkte er. Dann passierte es: Ich übersah eine Koralle und schlitzte mir das Knie an einer der scharfen Kanten auf. Es blutete so stark, dass ich nicht sehen konnte, wie tief die Wunde war. Vor Schreck und Schmerz holte ich unkontrolliert Luft und bekam Panik. *Ich ersticke!*, dachte ich. In diesem Moment fasste mich jemand von hinten und zog mich rauf zur Wasseroberfläche. Der Weg dorthin kam mir unendlich lang vor. Endlich oben angekommen, schnappte ich unkontrolliert nach Luft. »Langsam, ganz langsam«, hörte ich Alejandro sagen. »Es ist alles in Ordnung, du hast nur Panik bekommen. Aber jetzt bist du in Sicherheit.«

Ich drehte mich zu Alejandro um und schaute ihm direkt in die Augen. Tränen rollten mir übers Gesicht. Ich konnte nichts dagegen tun. »Es ist alles gut«, redete er mir beruhigend zu und zog mich langsam Richtung Boot. Er half mir hinein und ich war glücklich, endlich wieder einigermaßen festen Boden unter den Füßen zu spüren. Mein Knie blutete zwar immer noch, entpuppte sich aber trotzdem als nur angekratzt. Ich drehte mich zu Alejandro um und musste ihn einfach umarmen. »Danke«, brachte ich noch heraus. Dann nahm Alejandro mein Gesicht in seine Hände und küsste eine Träne von meiner Lippe. Er küsste mich? Ich machte große Augen, wollte mich zunächst wehren, doch dann entspannte sich mein gesamter Körper und ich küsste ihn zurück. Wir standen da, in tropfender Taucherkluft und mit monströsen Sauerstoff-Flaschen, das schaukelnde Boot unter uns, und küssten uns immer leidenschaftlicher. Doch plötzlich zog Alejandro sein Gesicht zurück und sagte: »Ich hatte da unten solche Angst um dich! Und jetzt will ich dich einfach nur berühren, ich will dich spüren.« Seine Worte lösten den Rest meiner Angst in Wohlgefallen auf. Ich hatte nur noch einen Gedanken:

Ich wollte Alejandro, hier und jetzt. Ich griff in sein dichtes, vom Salzwasser gesträhntes Haar und zog sanft daran, bis er aufhörte mich zu küssen und mir fragend in die Augen sah. »Nimm mich, ja?« Alejandro lächelte. Er erlöste uns beide mit ein paar Handgriffen von den Sauerstoff-Flaschen und unserer Taucherausrüstung. Dann packte er mich an den Schultern, drehte mich mit einem Ruck um und öffnete furchtbar langsam meinen Reißverschluss. Von Zentimeter zu Zentimeter wurde mir heißer. Ich wusste: Unter dem Anzug war ich vollkommen nackt! Als er meinen Poansatz erreichte, streifte er mir den nassen Anzug von den Schultern und griff mir von hinten an den Busen.

Sofort richteten sich meine Brustwarzen auf. Alejandros warme Hände auf meiner vom Wasser aufgeweichten Haut – nichts hatte sich je besser angefühlt. Er streichelte meine harten Brustwarzen und zupfte daran. Ein Schauer überfiel mich, und die Temperatur zwischen meinen Beinen stieg um gefühlte dreißig Grad an. Ich stöhnte leise auf. Das schien Alejandro zu gefallen. Er drehte mich zu sich um und küsste mich noch leidenschaftlicher als zuvor. Ich ertastete mit meinen Fingern seinen Reißverschluss und öffnete ihn hastig. Ich wollte Alejandro nackt sehen, seine Haut auf meiner spüren. Alejandro küsste meinen Hals und knetet meine Brüste. Ich warf den Kopf nach hinten und stöhnte auf. Alejandro stieg endlich aus seiner Anzughose und pfefferte sie hinter sich ins Boot. Sein Anblick machte mich wahnsinnig und ich spürte, dass ich schlagartig feucht wurde.

Auf einmal packte Alejandro mich, hob mich hoch und hievte mich auf eine Ablagefläche, auf der Schwimmflossen und eine Schnorchelausrüstung lagen. Ich mochte die Art, wie er mich anfasste – zärtlich, aber bestimmt. Ich fegte die überflüssigen Requisiten beiseite, ließ mich auf den Rücken sinken und zog Alejandro zwischen meine gespreizten Beine. Aber der hatte andere Pläne. Er ging in die Hocke und biss mir sanft in die Innenseiten meiner Oberschenkel. Es schien ihm Spaß zu machen, mich noch ein bisschen zu quälen. Er leckte und küsste meine Schenkel. Ich war inzwischen so feucht, dass es fast aus mir heraustropfte. Dann berührte Alejandros Zungenspitze endlich meine Schamlippen. Ich zuckte vor Geilheit zusammen. Alejandro interpretierte das als Zeichen und benutzte seine feuchte Zunge als Massagestab. Ich musste mich bremsen und versuchte, an etwas anderes zu denken, denn ich wollte mir dieses wunderbare Gefühl so lange wie möglich erhalten. Ich schaute ihn an und sah, dass sein Schwanz auf den doppelten Umfang angeschwollen war. »Fick mich. Jetzt!«, stöhnte ich auf. Das ließ sich Alejandro nicht zweimal sagen. Er drückte meine Beine noch ein wenig weiter auseinander und drang in mich ein. Er stieß so heftig zu, dass ich reflexartig aufschrie. Sofort schlang ich meine Beine um sein Becken. Er griff nach meinen Hüften und zog mich zu sich, sodass er noch tiefer in mich eindringen konnte.

Wir waren auf einem Boot! Mitten im Nichts, wo uns niemand sehen, geschweige denn hören konnte. Diese Vorstellung machte offenbar nicht nur mich, sondern auch Alejandro an. Seine Stöße wurden immer heftiger und ich spürte, dass er kurz davor war zu kommen. Der Gedanke daran, sein Anblick und seine rhythmischen Bewegungen ließen auch mich in null Komma nichts zum Höhepunkt kommen. Wir stöhnten gemeinsam auf und ich spürte, wie Alejandro in mir zuckte.

Dann war es still. Wir lagen erschöpft aufeinander und atmeten immer noch schwer. Ich saugte jede Sekunde vom Hier und Jetzt auf: die Bewegungen des Bootes, das gemächlich unter uns wippte, das trockene Salz auf meinen Lippen und die Sonne, die meine nackte Haut kitzelte.

Das, dachte ich, *ist die beste Inspiration.* Ich wusste: Die nächste Kollektion würde besser werden als alles, was ich je zuvor gemacht hatte!

Die 16. Geschichte vom besten Sex

SOMMERGEWITTER

Franziska (25), Journalistin, München
über
Michael (28), Leitender Verkäufer, München

Wir hatten uns gestritten. Es gab lange Diskussionen, Geschrei und Schweigen im Wechsel. Und zum Schluss wurden wir immer energischer. Es war traurig, denn er war vierhundert Kilometer von mir entfernt. Der Lautsprecher meines Handys ächzte. Michaels dunkle Stimme vibrierte vor Wut. Ich schwieg. Und irgendwann legte ich auf. Ganz unvermittelt. Ich hatte die Schnauze voll. Es war bereits tiefste Nacht und ich war zu müde, um länger zu streiten. Er rief nicht zurück. Stille.

Stunden später, ich war nach mehreren ruhelosen Einschlafversuchen endlich eingeschlummert, klingelte es. Einmal, zweimal, beim dritten Mal wurde ich wach. Erst dachte ich, es wäre mein Handy. Doch das Display war schwarz. Ich nahm einen Schluck Wasser und dachte schlaftrunken: *Vielleicht hab ich mich vertan.* Nein, es klingelte wieder. *Ach, die Tür!* Ich stöhnte. Es war halb drei. Die Stadt schlief und ich wollte es ihr gleichtun.

Ich stolperte benommen aus meinem Bett, während der Sommerregen – zur Stimmung passend – gegen mein Fenster hämmerte. »Ist ja schon gut«, murmelte ich, als die Klingel wieder schellte. Ich öffnete die Tür.

Da stand er. Völlig durchnässt vom tobenden Gewitter. Es dauerte keine zwei Sekunden, da umarmte er mich und küsste mich so intensiv, dass zwanzigtausend Volt durch meinen Körper schossen. Sein Hemd klebte ihm nass am Oberkörper. Er sah so gut aus. Und so heiß. Aus seinem dunklen Haar tropfte der Regen und rann über meinen Busen. Er fasste unter mein Shirt und berührte meine Nippel. Er hob mich hoch und ich umklammerte seine Hüfte mit meinen Beinen. Ich schaffte es gerade noch, die Haustür mit einem Fuß zuzustoßen, bevor er mich an die Wand presste. Es fühlte sich gut an. So anders als sonst. Freier und leidenschaftlicher. Ohne dass einer von uns beiden an die Uhrzeit oder an den Morgen danach dachte. Er riss mir mein Oberteil vom Körper und biss in meinen Hals. Nicht fest, aber so stark, dass ich laut aufstöhnte. Meine Arme umklammerten ihn, meine Fingernägel bohrten sich in seinen Rücken und ich hauchte »Fick mich!« in sein Ohr. Ich fasste in sein nasses Haar und küsste ihn wild. Wir waren wie berauscht und er trug mich ins Nebenzimmer.

Er setzte mich auf meinen Glasschreibtisch. Ich knöpfte ihm die Hose auf und schob meine Hand hinein. Sein steifer Schwanz fühlte sich so vertraut und gut an. Immerhin waren wir über sechs Wochen getrennt gewesen. Außer dem Telefon blieb uns nichts. Das wussten wir beide und waren durch den anfänglichen Streit nur noch heißer aufeinander. Machtspiele hin oder her: Wir wollten uns. Und zwar jetzt.

Er lächelte, als ich ihm das Hemd auszog und seine Brustwarzen mit meiner Zunge umkreiste. Seine Hände fuhren durch mein Haar, er schien seinen Duft zu inhalieren und flüsterte: »Du riechst so gut. Ich will dich lecken.« Mir war klar, dass er das wollte. Und ich wollte es auch! Denn er konnte es so gut. Er wusste genau, was zu tun war, um mich augenblicklich zum Orgasmus zu bringen. Er stand darauf, wenn ich kam und ihm beim Sex ins Ohr stöhnte. Die letzten sechs Wochen hatte ich ihn damit verrückt gemacht. »Du bist besser als jede Sex-Hotline«, hatte er immer wieder in den Hörer gekeucht, während er es sich selbst besorgte. Doch nun wollte ich nicht, dass er es mir mit dem Mund machte. Ich wollte noch nicht kommen, sondern den Moment so lange wie möglich auskosten. Ich wollte spielen.

Als er gerade an meinem nassen Körper herunterwandern wollte, schubste ich ihn aufs Bett gegenüber. Ich spreizte meine Beine, schob meinen Finger erst in meinen Mund und dann in meine Muschi. »Du bist unfair«, grinste er und zog seine nasse Jeans aus. Ich legte meinen Kopf in den Nacken und schloss meine Augen. Ich wusste genau, dass er da saß und mich, und alles an mir, anstarrte. Mein Finger glitt vor und zurück. Plötzlich stand er auf. »Ich halt das nicht aus, das ist ja wie Folter!« Er drehte mich um und drückte mich gegen die kühle Tischkante. Ich spürte seinen Schwanz an meinem Po und seinen Atem in meinem Nacken. Er umfasste meine Hand und unsere Finger drangen gleichzeitig in mich ein. Ich war so feucht, dass ich mir nicht mehr sicher war, ob es sich um Regenwasser oder meinen eigenen Saft handelte. »Bitte lass mich dich lecken, Baby«, hauchte er und schob seine Zunge in mein Ohr. Noch bevor ich etwas sagen konnte, nahm er mich hoch und trug mich zum Bett.

Seine Shorts ließ er auf den Boden fallen, mich auf das Laken. Ich umfasste seinen Ständer und zog ihn sanft zu mir heran. Er legte sich auf mich, küsste mich und rieb sich an mir. »Ich will dich spüren«, sagte ich wie in Trance. Er schüttelte den Kopf. »Noch nicht. Ich will es dir zuerst mit der Zunge besorgen.« Ich hatte keine Wahl. Er streichelte meinen Busen und lutschte an meinen Nippeln. Dann griff er nach der Wasserflasche, die neben meinem Bett stand, neigte sie über meiner Spalte und betropfte sie mit Wasser. Nun versank er zwischen meinen Beinen und leckte an mir. Als seine feuchte Zunge die Tropfen an den Innenseiten meiner Schenkel ableckte und schließlich meinen Kitzler berührte, bebte mein Körper. Ich krallte mich im Kissen fest und stöhnte so heftig, dass auch er lauter wurde. Es tat gut zu hören, wie sehr es ihm gefiel. Er schob seine Zunge und seine Nasenspitze abwechselnd in mich hinein. »Hör auf, ich komme gleich«, sprudelte es aus mir heraus. »Gut so«, brummte er zurück. Ich wollte es herauszögern und schaffte es nur mit Mühe, ihn zu mir hochzuziehen. Er schmollte, aber als ich das restliche Wasser aus der Flasche in meine Hand goss und anfing, seinen Schwanz damit zu massieren, entwich ihm ein seliges Stöhnen. Ich umfasste mit einer Hand seinen Schaft und spielte mit der anderen an seinen Eiern. »Ich würd dich gern von hinten nehmen«, säuselte er. »Später«, flüsterte ich. Doch dann zog er mich zu sich, drehte mich so schnell und energisch um, dass ich kaum mehr Luft holen konnte und drang von hinten in mich ein. Ich stützte mich mit den Händen in meinem Kissen ab und er stieß immer wieder fest zu. Es tat so unglaublich gut, die ganzen letzten Wochen und all den Ärger einfach »wegzusexen«.

Er fuhr mit seiner Hand über meinen Po, schob sie zwischen meine Schenkel und rieb an meinem Kitzler. Seine Finger spielten mit meinen Schamlippen und trommelten sanft wie Regentropfen auf meine Klitoris. Ich stöhnte laut auf. Dann zog er sich zurück, ergriff mein Becken und drehte mich zu sich herum. Ich spreizte meine Beine und ließ ihn den Ausblick, beziehungsweise Einblick, einen Augenblick lang genießen. Dann legte er sich erneut auf mich und ich umklammerte ihn mit meinen Beinen. Ich war fast so weit und bewegte mein Becken in seinem Takt. »Ich komm gleich«, keuchte ich. Und er: »Ich auch!« Mein Stöhnen wurde immer lauter, meine Stimme schriller. Er krallte sich an meinem Rücken fest und presste sich gegen meine Brust. Dann kamen wir.

Stille. Es war vorüber. Er ließ seinen Kopf erschöpft auf meine Schulter sinken. Wir hielten uns wortlos fest. Aus einem Streit wurde die beste Nacht, die wir je gehabt hatten.

Die 17. Geschichte vom besten Sex

INSPIRATIONEN

Vera (27), Journalistin, Dortmund
über
Ben (30), Event-Managerin, Essen

Ich saß im Schneidersitz auf meinem Bett und hatte meinen Laptop auf dem Schoß. Mein aufregendstes Sexerlebnis – darüber wollte ich schreiben. Ich konnte mich nicht entscheiden, welches meiner erotischen Intermezzos ich auswählen sollte. Den wilden Willkommenssex auf dem Flughafenparkplatz mit meinem damaligen Freund Andi? Diese surreale Episode auf der Diskotoilette mit dem Typen, dessen Namen ich schon am nächsten Morgen nicht mehr wusste? Die versaute Nacht im Hotelzimmer in Brüssel mit meinem Freund Ben? Ich starrte aus dem Fenster und wartete auf eine Eingebung.

Als ich anfing zu schreiben, wusste ich, dass ich mich richtig entschieden hatte. Die Sätze flogen mir nur so zu, und ich erinnerte mich lustvoll an den Moment zwischen Ben und mir vor einem Monat. Wir waren gerade vom Joggen zurückgekommen, verschwitzt und durstig. Ich hatte mich zum Kühlschrank heruntergebeugt, um eine Flasche Wasser zu holen, als ich Ben hinter mir spürte. Und ich spürte seine Erektion, die er gegen meinen Po presste. Er griff um meine Taille und zog mich zu sich hoch.

Während ich meine Gedanken an diesen Abend in Worte zu fassen versuchte, merkte ich, wie meine Finger auf der Tastatur vor Erregung leicht schwitzig wurden. Ich spürte die Wärme in meinem Schoß aufsteigen und lehnte mich mit einem angenehmen Pochen in meiner Muschi zurück. Der Laptop surrte, und ich dachte an Bens harten Schwanz. Wie gerne würde ich mir den jetzt, in diesem Moment vornehmen. Das warme Gefühl wanderte in meinen Bauch, und ich schrieb weiter. Ich schilderte gerade, wie meine Laufhose in die Ecke flog, als mein Telefon klingelte. Es war Ben, der wissen wollte, wie ich mit meiner Geschichte vorankam.

»Ach, weißt du, ich sitze gerade auf meinem Bett und schreibe über unser Küchen-Tête-à-Tête nach dem Joggen. Allein die Erinnerung daran hat mich wieder feucht werden lassen«, antwortete ich.

»Du Luder«, lachte Ben. Aber in seiner Stimme hörte ich den Unterton, der mich wissen ließ, dass sich bei dem Gedanken an meine feuchte Muschi sicherlich auch bei ihm etwas regte.

»Wenn du jetzt hier wärst, würde ich genau dasselbe noch mal mit dir machen«, lockte ich ihn.

»Hmmm«, seufzte er und fragte: »Was machst du denn gerade?«

»Ich streichle über meinen Slip und stelle mir vor, wie du mit deinem harten Schwanz an meiner Muschi reibst«, erwiderte ich leicht seufzend. Am anderen Ende der Leitung hörte ich ein leises Grunzen, und dann ein Rascheln.

»Deine Hand ist an deinem Schwanz, oder?«, fragte ich erregt.

»Nicht nur eine. Ich habe dich gerade auf Lautsprecher gestellt, das Telefon auf den Tisch gelegt und mich auf dem Sofa zurückgelehnt. Ich massiere gerade mit beiden Händen meinen harten Schwanz. Du kannst mich doch nicht von einer Sekunde auf die andere so geil machen!«

Ich stöhnte. Die Vorstellung, wie Ben sich gerade einen runterholte, verstärkte das Pochen in meiner Muschi. Ich spürte ein großes Verlangen nach ihm und fuhr mit der Hand in meinen Slip. Ich antwortete:

»Ich fahre gerade mit den Fingerspitzen über meine Schenkel und meine Muschi. Hmm, das fühlt sich so gut an. Ich stelle mir vor, wie du deinen Schwanz zwischen meinen Schamlippen bewegst und spürst, wie feucht ich bin.« Ben stöhnte. Ich wusste, dass ihn diese Vorstellung rasend machte. Er genoss immer den Augenblick, in dem er mit seinen Fingern durch meine Muschi strich, zu meinem Kitzler wanderte und die nasse Geilheit in mir das erste Mal spürte.

»Warte«, sagte er jetzt, »ich hole mein Öl.« Ich verdrehte die Augen vor Lust. Wie gerne würde ich jetzt selbst seinen Schwanz mit Öl einreiben und ihn massieren, drücken und pressen. Und Ben vor mir liegen sehen, seinen prallen Schwanz in meinen Händen. Eine leichte Gänsehaut zog über meinen Rücken, als ich hörte, wie Ben zurückkam und laut seufzte.

Jetzt hörte ich ein rhythmisches Glitschen, das Ben kommentierte: »Hörst du das? Ah, das fühlt sich so geil an. Mein Schwanz gleitet wie von selbst durch meine Hände. Ich werde wahnsinnig. Wenn ich daran denke, wie er sich in deiner Muschi anfühlt ... Stöhn für mich!«

Darum brauchte er mich gar nicht bitten. Ich stöhnte laut auf und drang mit zwei Fingern in mich ein. Ich war so feucht, dass meine Finger wie von selbst in mich glitten. Als sie gekonnt meinen G-Punkt rieben, überkam mich ein elektrisierender Schauer, und ich stöhnte ins Telefon:

»Ich habe mir gerade meine Finger in die Muschi geschoben. Hörst du das?« Meine feuchte Muschi machte ähnliche Geräusche wie Bens eingeölter Schwanz. Ich hörte, wie seine Bewegungen immer schneller wurden und sein Atem schwerer. In Gedanken sah ich ihn mit gespreizten Beinen auf dem Sofa sitzen, die Augen geschlossen, und mit beiden Händen seinen glitschigen Schwanz bearbeiten. Diesen harten, geilen, prallen Schwanz. Wie gerne würde ich ihn jetzt in mir spüren. Stattdessen massierte ich jetzt mit dem Daumen meinen Kitzler, während mein Zeige- und Ringfinger kreisend an meinem G-Punkt rieben. Wieder musste ich laut stöhnen und hörte, wie Ben ächzte:

»Oh Mann, der Gedanke daran, wie du gerade auf dem Bett liegst und es dir selbst machst, macht mich total geil. Mein Schwanz ist so hart, und meine Eichel glüht. Deine Muschi ...«

Ben brach mitten im Satz ab, und ich hörte nur noch seinen immer schneller werdenden Atem. Mein Bauch verkrampfte sich und ich spürte, dass ich jeden Moment kommen würde.

»Ben, ich komme gleich«, stöhnte ich ins Telefon und konnte mich kaum darauf konzentrieren, den Hörer ans Ohr zu halten. Ich bewegte meine Finger immer heftiger und spürte, wie der Stoff meines Shirts an meinen Brustwarzen rieb, die mittlerweile steinhart waren. Ich stellte mir vor, wie Ben sie mit seiner Zunge erst umkreiste und dann ein paar Mal mit der Zungenspitze darüberleckte. Das machte mich wahnsinnig! Ich atmete schwer, und Hitze durchströmte meinen Körper. Ich hörte das rhythmische Glitschen am anderen Ende der Leitung, das jetzt von einem lauten Aufschrei unterbrochen wurde:

»Ahh, ich komme!«, rief Ben und stöhnte heftig. Die Vorstellung, wie er abspritzte, gab mir den Rest, und ich spürte, wie erst meine Muschi und dann mein ganzer Körper im Orgasmus zuckten. Als das Beben in mir abklang, genoss ich dankbar die Entspannung, die jetzt durch meinen Körper zog.

Das Telefon war mir aus der Hand gerutscht und lag neben mir. Ich griff wieder nach dem Hörer:

»Bist du noch da?«

»Ja«, antwortete Ben, »aber nicht mehr lang. Ich setz mich jetzt ins Auto und fahr zu dir. Und dann schau ich mal, ob ich dir nicht noch mehr Inspiration für deine Geschichte geben kann!«

Die 18. Geschichte vom besten Sex

ABWÄRTS

Jana (31), Veranstaltungskauffrau, Berlin
über
Daniel (29), Veranstaltungskaufmann, Berlin

Irgendwie fühlte ich mich etwas kindisch, als ich in meinem Mailprogramm auf *Senden* klickte. Sofort kamen Zweifel in mir auf, und ich wusste nicht, ob ich lieber doch gleich kündigen sollte oder sich alles zum Guten wenden würde. Nervös nestelte ich an meiner Uhr und starrte auf den Bildschirm. Entweder würde Daniel mich bald für die Büroschlampe halten oder ihm gefiel mein forsches Anpirschen. So oder so – das Kind, oder besser meine Contenance, war in den Brunnen gefallen, und jetzt konnte ich eigentlich nur noch abwarten. Während ich auf meinem Stuhl wippte und auf Antwort wartete, wanderten meine Gedanken zu dem Tag, an dem mir Daniel zum ersten Mal über den Weg gelaufen war.

An einem meiner ersten Arbeitstage kam ich – noch enthusiastisch und voller Tatendrang – vor allen anderen ins Büro und stand hilflos vor der Tür, denn ich hatte einen Schlüssel, der die Tür erst öffnen konnte, nachdem die Alarmanlage abgestellt worden war. Der Generalschlüssel war nur meinem Chef und ein paar Führungskräften vorbehalten. Der Generalschlüssel, der auch die Alarmanlage abstellte. Der Generalschlüssel, den ich jetzt dringend brauchte, weil ein ohrenbetäubendes Heulen aus dem Büro drang, das ich ausgelöst hatte, weil ich eben ohne diesen verdammten Generalschlüssel versucht hatte, die Tür aufzuschließen. Wenn jetzt mein Chef käme, ich würde im Boden versinken. Wider meiner Überzeugung betete ich zu allen mir bekannten Heiligen und hoffte flehend, dass bald irgendjemand käme, der mich aus dieser misslichen Lage befreien konnte – und einen Generalschlüssel zum Abschalten dieses heulenden Alptraums hatte. Nach einer gefühlten Ewigkeit stand Daniel hinter mir und lachte:

»Ich wette, mein Vater hat vergessen, dir zu sagen, dass du mit deinem Schlüssel nicht ins Büro kommst, wenn die Alarmanlage an ist. Typisch. Aber mach dir keinen Kopf, das geht hier eigentlich jedem am Anfang so. Du bist aber auch wirklich früh dran!«

Am liebsten wäre ich diesem jungen und absolut heiß aussehenden Typen direkt um den Hals gefallen – natürlich nur der Alarmanlage wegen, die jetzt endlich still war.

»Danke, du hast mich gerettet«, strahlte ich.

»Du kannst dich gerne mit einem Kaffee heute Mittag revanchieren. Ich bin übrigens Daniel. Chefsohn, aber glücklich. Zumindest, solange mein Vater nicht merkt, dass ich eigentlich viel mehr arbeiten könnte, als ich es zur Zeit tue. Ach ja, willkommen im Chaos!«

Das war jetzt fast ein Jahr her, und Daniel arbeitete immer noch im Büro gegenüber. Schon nach ein paar Monaten hatte ich mich hoffnungslos verliebt. Zudem war mein Chef sehr begeistert von mir – machte ich doch gerne und oft Überstunden. Meist zusammen mit Daniel, der zu seinem Vater so gut wie nie Nein sagen konnte.

Irgendwie fanden wir beide immer eine Ausrede, uns gegenseitig Kaffee auszugeben oder uns im Büro zu besuchen. Die Spannung zwischen uns wurde mit der Zeit immer größer und manchmal kam es mir so vor, als könnte ich die Funken buchstäblich fliegen sehen. Ja, ich war verliebt. Und wie. Und auch noch in den Sohn meines Chefs. Das machte die ganze Sache nicht einfacher. Und er? Er fand mich anscheinend auch nicht abstoßend, aber schaffte es irgendwie auch nicht, das zermürbende Hin und Her zu beenden und mich einfach mal gegen die Tür meines Büros zu drücken, um mich leidenschaftlich zu küssen.

Jetzt starrte ich immer noch auf den Bildschirm und fühlte mich wie elektrisiert. Es musste einfach etwas geschehen oder ich würde platzen! Endlich beantwortete Daniel meine Mail:

Klar helfe ich dir. Sollen wir die Sachen sofort holen? Ich warte am Aufzug auf dich. D.

Mein Herz klopfte, mein Plan schien aufzugehen. Ich holte tief Luft und ging auf den Flur. Das Büro war im sechsten Stock – das bedeutete genug Zeit, um meinen Plan in die Tat umzusetzen. Daniel stand schon am Aufzug und lächelte mich an:

»Hast du vor, hier einzuziehen? Oder was hast du im Auto, das ich hochtragen soll?«

»Ach, nur eine Kleinigkeit, für die ich deine Hilfe brauche«, antwortete ich aufgeregt, aber schmunzelnd.

Als wir im Aufzug standen, hoffte ich, dass Daniel mein Herz nicht klopfen hörte, so heftig schlug es. Aber jetzt konnte ich nicht mehr zurück. Ich hatte nämlich nichts im Auto, was Daniel für mich hätte hochtragen können, und nur noch vier Stockwerke, all meinen Mut zusammenzunehmen. Im dritten Stock fasste ich mir endlich ein Herz und drückte auf den Nothalt. Daniel schaute mich erstaunt an, doch bevor er etwas sagen konnte, drückte ich ihn gegen die Wand und presste mich eng an ihn. Ich gab ihm einen langen leidenschaftlichen Kuss, der erst zaghaft, dann aber immer heftiger erwidert wurde.

»Nur eine Kleinigkeit ...«, stöhnte Daniel nach einer Weile und zog mich voller Lust noch fester an sich. Ich spürte die kalte Aufzugwand an meinen Händen, während alles um mich herum verschwamm. Diese unerträgliche Spannung zwischen Daniel und mir – endlich gelöst. Und auch er schien irgendwie dankbar:

»So oft habe ich mir vorgestellt, dich einfach festzuhalten und zu küssen. Dieses kleine Muttermal auf deiner Oberlippe macht mich wahnsinnig. Aber du kennst ja meinen Vater und seine Regeln: Niemals etwas mit Kolleginnen anfangen oder ich fliege. Und dann hätte ich dich nicht mehr gesehen. So oft wollte ich mich heimlich nach der Arbeit mit dir verabreden. Aber irgendwie haben mir dann doch der Mut und der Anlass gefehlt. Ich bin wirklich ein Idiot.«

Jetzt spürte ich seine Lippen auf meinen, und nichts schien ihm plötzlich unwichtiger als sein Job zu sein.

»Du bist unglaublich«, flüsterte Daniel und kniff mir in den Po.

»Es war einfach nicht mehr auszuhalten«, stöhnte ich und zog ihm das Jackett aus. Statt zu antworten, küsste Daniel mein Dekolleté und leckte mit seiner Zunge über meinen Hals. Er öffnete die obersten Knöpfe meiner Bluse und fuhr mit seinen Lippen über den Spitzenrand meines BHs. Ich spürte seine Erektion durch die Anzughose und strich mit meiner Hand über seinen warmen Schritt. Meine Bluse war verrutscht und hatte meine Schulter und einen Großteil meines BHs freigelegt. Daniel schaute mich gierig an:

»Jana. Ich platze gleich. Du glaubst nicht, wie lang ich auf diesen Moment gewartet habe!«

Kaum hatte er seinen Satz beendet, zog ich ihm mit einer schnellen Handbewegung die Hose samt Boxershorts herunter, und nun stand er in seiner vollen Pracht vor mir. Auch ich war kaum noch zu bremsen. Als meine Lippen seine Eichel berührten, vergaß ich meine Umgebung. Aufzug? Büro? Wie weggewischt. Daniel bebte vor Erregung und schaute zu, wie sein Schwanz in meinen Mund glitt. Ich bearbeitete ihn, als gäbe es kein Morgen und krallte meine Hände in seinen Po. Ich kostete es aus, mich seinem Schwanz zu widmen. Und Daniel schien es ebenso zu genießen. Er grub seine Hände in mein Haar und stöhnte. Ich umschloss seinen Schwanz fest mit einer Hand und ließ seine Eichel immer wieder von Neuem in meinen Mund gleiten. Meine Zunge massierte seinen Schwanz immer heftiger, und ich spürte Daniels schnellen Atem. Mit der zweiten Hand griff ich jetzt nach seinen rasierten Eiern, während mein Mund weiter seine Eichel liebkoste. Daniels Erektion war mittlerweile so stark, dass ich spürte, wie das Blut in seinem Schwanz pulsierte.

»Ich muss dich spüren«, seufzte er, beugte sich zu mir herunter und griff unter meinen Rock. Ich stöhnte auf und presste mein Becken gegen seine Hand. Als er meinen feuchten Slip spürte und meinen Kitzler durch den Stoff ertastete, war meine Erregung so groß, dass ich es kaum aushalten konnte.

Mittlerweile saß Daniel auf dem Aufzugboden, und ich beugte mich wieder über ihn. Ich ließ seinen Ständer noch ein paar Mal leidenschaftlich in meinen Mund gleiten, bis er bebend in mir kam. Erschöpft lehnte Daniel sich an die kalte Wand und schaute mich verwirrt, aber glücklich an. Mit einem breiten Grinsen wischte ich meinen Mund an einem Taschentuch ab, als er über meinen Arm strich und sagte:

»Ich denke, jetzt schulde ich dir mehr als einen Kaffee. Aber lass uns doch mit einer Tasse Kaffee in meiner Wohnung anfangen. Ich wohne übrigens im fünften Stock. Mit Aufzug.«

Die 19. Geschichte vom besten Sex

DIE HOCHZEITSNACHT

Anna (31), Journalistin, Berlin
über
Sebastian (37), Architekt, Berlin und Moskau

Er stand einfach da, locker an die Backsteinmauer gelehnt, grinste unverschämt und hielt mich mit seinen Blicken fest, als ich vom Frischmachen kam und wieder zurück zur Hochzeitsgesellschaft wollte. Ich tat so, als sei ich überrascht: »Was machst du hier? Die Party ist doch woanders ...« Er kam näher und umfasste meine Taille. »Das glaube ich nicht«, flüsterte er mir ins Ohr und zog mich durch den großen Flur in den nächstgelegenen Raum. Von dort aus ging ein weiterer Gang ab zu einem noch größeren Raum und ein nächster zu einem kleineren ... irgendwann verlor ich dank meiner Nachtblindheit und zuviel russischem Wodka, den ich seit dem frühen Nachmittag genossen hatte, die Orientierung. Die Geräusche der Hochzeitsgesellschaft wurden leiser: Der leichte Sommerwind trug nur noch schwach das betrunkene Gelächter, die raunenden Stimmen und die orientalische Balkanmusik zu uns herüber. Die Gäste hatten gerade zu tanzen begonnen, als ich die Party verließ, um mich kurz abzukühlen. Er hatte mich auf diese Hochzeitsfeier als seine Begleitung mitgenommen, obwohl wir uns erst ein paar Wochen kannten. Am Anfang war ich mir nicht sicher, ob ich mitkommen sollte, doch jetzt war ich froh, hier zu sein, denn die Hochzeit war ebenso unkonventionell wie die Location. Der Raum, in den er mich führte, roch ein bisschen nach Farbe. Wahrscheinlich waren wir in einem der Künstlerateliers gelandet, die man auf diesem Gelände mieten konnte.

Seine Hand umklammerte fest mein Handgelenk, fast ein wenig zu fest, als er mich, wie selbstverständlich, weiter hinter sich her zog, bis wir dort angekommen waren, wo er mich offensichtlich haben wollte. Und wie er mich wollte: Er drückte mich gegen die Wand. Ich hörte und spürte seinen Atem. Meiner blieb mir für einen kurzen Augenblick weg, so erstarrt war ich – und gleichzeitig so erregt. Dann fing er an, mich zu küssen, kurz, weich und abwechselnd küsste er meine Ober- und Unterlippe. Mit kleinen Kussbissen zeigte er mir, wie er immer gieriger wurde, bis er seine Lippen endlich auf meine presste und seine Zunge vorsichtig in meinen Mund schob. Ich war selten so gut geküsst worden, ich spürte wie meine Knie nachgaben, meine Muschi warm wurde und mein Kopf sich nicht mehr wie mein Kopf anfühlte. Er drückte seinen Körper an meinen, feucht und heiß und hart. Er ertastete mich und überall, wo seine Hände sich eingruben, meinte ich, kleine Verbrennungen zu erleiden. Noch nie habe ich für einen Mann so gebrannt, er schaffte es, mich so zu entflammen, dass mir alles egal wurde – die Welt hätte in diesem Moment untergehen können, wenn er mich nur ein letztes Mal fickte. Meine Muschi pochte laut bis in meine Schädeldecke hoch, wo mein Verstand gerade zerkocht wurde, sie brannte und tat auf wundervolle Weise weh. Ich stöhnte schmerzvoll auf. Er schaute mich einen langen Moment an und ohne seinen Blick von mir abzuwenden, schob er mir das Kleid hoch und streifte meinen Slip runter. Er küsste meinen ganzen Körper und kam wieder zu mir hoch. Seine Hände waren überall. Zwei, drei, vier, fünfzehn Hände fassten mich zugleich an: fordernd, zärtlich, hart, weich – alles auf einmal. Ich suchte seinen Reißverschluss und flüsterte ihm ins Ohr, dass er mich bitte, bitte, endlich ficken solle. Doch er hörte plötzlich auf. Ich fühlte, wie er zu lächeln begann, denn sehen konnte ich ihn noch immer nur schemenhaft. Ich hörte seinen erregten Atem und meinte, noch niemanden jemals so sexy atmen gehört zu haben. Das machte mich unglaublich an und als ich schon glaubte, es nicht mehr aushalten zu können, wanderte er langsam wieder an mir herunter. Tief sog er meinen Geruch ein und hielt noch einmal einige Augenblicke inne, bevor er sein Gesicht gegen meinen Hügel drückte und meine Pobacken festhielt. »Du riechst gut«, sagte er, »und dein Arsch ist unglaublich.« Seine gehauchten Worte an meinen Schamlippen jagten kleine Blitze meinen Rücken entlang. Gleichzeitig zeichnete er mit seinen Fingern die Konturen meiner Beckenknochen nach und züngelte sich zu meinen harten Brustwarzen hoch. Ich stöhnte unter seinen Liebkosungen auf: »Bitte, bitte fick mich.« Erneut hörte er auf und machte einen kleinen Schritt zurück. Zwischen uns war jetzt Platz für das maßlose Verlangen, das ihn und mich erfasst hatte. Ich konnte nicht mehr warten, zog ihm seine Hose aus und kniete mich hin. Aber sein Schwanz war so steif und pochte so heftig, dass ich zuerst nur ganz vorsichtig mit meiner Zunge darüber fuhr. Ich hätte nie geglaubt, dass ich das mal sagen würde, aber in der Dunkelheit konzentriert man sich auf andere Sinne: Sein Schwanz schien förmlich zu duften. Er roch nach einer Mischung aus kaltem Wasser und feuchter Erde. Ich wusste nicht viel von diesem Mann, wir kannten uns kaum, aber was er mich fühlen ließ, machte mich zu einer anderen Frau: Mit ihm blieb die Zeit stehen, mit ihm konnte ich mich fallen lassen. Und die Dinge, die wir miteinander machten, erschienen mir auf merkwürdige Art und Weise unschuldig. Ich hatte noch nie so geilen und reinen Sex zugleich gehabt.

Jetzt stöhnte er auf, drückte mich erneut gegen die staubige Wand, hob mich hoch, legte meine Beine um seine Taille und drang in mich ein. Er wartete darauf, dass ich anfing, mich zu bewegen. Er wollte mich zuerst spüren, dann fing auch er an, sich in meinem Rhythmus zu wiegen. Er schob seinen Schwanz tief in mich, um ihn gleich danach wieder herauszuziehen. Was folgte, fühlte sich wie purer Wahnsinn an: halb rein, raus, halb rein und raus. Dabei ließ er sein Becken gekonnt wie ein Tänzer kreisen und seine Schwanzspitze spielte mit meiner Klitoris. Wenn er halb drin war, fingerte er mich gleichzeitig an der richtigen Stelle und küsste mein Gesicht, meinen Hals und flüsterte lustvoll meinen Namen.

Er war der Prinz, der mich wach gefickt hatte: Intuitiv machte er alles richtig, sein Timing war so, als könne er meine Gedanken lesen. Es war beinahe Angst einflößend. Erregend. Mit jedem seiner Stöße flüsterte er mir ins Ohr, wie es sich für ihn anfühlte: »Du bist so feucht … so heiß … ich liebe es, dein Gesicht zu sehen, wenn ich in dir bin …« Unsere Bewegungen wurden schneller, unsere Becken kreisten heftiger. Mein Verstand verabschiedete sich komplett, als er und ich uns umschlangen. Als er merkte, dass ich kurz vorm Kommen war, zog er seinen Schwanz raus, drehte mich mit dem Gesicht zur Wand, schob meine Beine auseinander und drang von hinten in mich ein. Mit seiner rechten Hand rieb er meine Muschi, seine Linke knetete meine Brust. Er ließ mich wieder den Rhythmus übernehmen und konzentrierte sich komplett auf meine Klitoris. Ich fing an, Lichtpunkte zu sehen, die Richtung Milchstraße davonflimmerten und mein Körper zerfiel in viele kleine Teile. Ich wurde zu Sternenstaub. Ich stöhnte immer lauter, während sich die warme Dunkelheit des Universums in mir auftat und ich glaubte, jetzt könnte ich ebenso gut sterben, so schön fühlte sich das an. Ich kam ein weiteres Mal. Dann kam auch er – sein Schwanz explodierte regelrecht. Zuckend und mehrere Male hintereinander. So gingen wir das letzte Stück gemeinsam, sein Atem fest an meinem Ohr. Plötzlich war es still: In mir und außerhalb … Ich weiß nicht, wie lange wir innehielten. Als hätte jemand am Lautstärkeregler gedreht, wurden die Stimmen, das Gelächter und die Musik langsam wieder lauter. Ich war noch nicht bereit, zur Hochzeitsgesellschaft zurückzukehren. Das merkte er, denn er drehte mich sanft zu sich, zog mein Kleid wieder runter, seine Hose hoch und zupfte mein Haar zurecht. Dann nahm er mein Gesicht in seine Hände und hielt es eine Weile fest, bevor er mich lange und ganz zärtlich küsste: »Wir sollten jetzt unseren Hochzeitstanz nachholen, findest du nicht?«

Die 20. Geschichte vom besten Sex

SEXUAL NETWORKING

Jennifer (29), Journalistin, München
über
Carsten (34), PR-Berater, München

Der Sommer 2006 war wie ein Rausch. Nach zwei Monaten Brasilienaufenthalt, jeder Menge Sonne, Strand und Lebensfreude kehrte ich zufrieden in meine Heimat, das beschauliche München, zurück. Voller Energie und Tatendrang konnte mir nichts und niemand etwas anhaben. Ich hatte die Leichtigkeit für mich gepachtet und nahezu allen Verpflichtungen bewusst entsagt. Es war mein Sommer, der legendäre Fußball-Sommer, den ich in vollen Zügen genoss – als Single. Ich flirtete, ich ging aus, lernte hier und da jemanden kennen. Ernsthaftes Interesse hatte ich aber nie und wollte es auch gar nicht.

Es begann an einem glühend heißen Samstag. Mit Kaffee bewaffnet setzte ich mich morgens an meinen PC, surfte mich durch eine noch unbekannte Freundeswelt und war erstaunt, wer wen über wen kennt und wie klein die Welt am Ende doch ist. Mitten in meinem Staunen entdeckte ich einen kleines Briefsymbol am Bildschirmrand mit dem Hinweis, dass ich eine neue Nachricht erhalten habe. Nicht schon wieder, mein erster Gedanke. Der sieht aber gar nicht schlecht aus, mein Zweiter.

Zu einem anderen Zeitpunkt hätte ich ein Treffen mit einem Internet-Flirt wahrscheinlich niemals in Erwägung gezogen. Doch damals dachte ich: wieso eigentlich nicht? Du bist jung, er sieht nicht schlecht aus (wobei in Zeiten der Bildbearbeitung

Fotos keine Echtheitsgarantie besitzen) und du bist Single. Warum also kein kleines Abenteuer wagen? Also ließen wir nicht viele Tage ins Land ziehen und trafen uns schon bald. Aufgeregt war ich nicht, aber gespannt.

Dass wir uns gut verstehen würden, dachte ich mir schon wegen des vorausgegangenen Mail-Gefechts. Dennoch übertraf die erste Stunde meine Erwartungen absolut. Carsten war sehr sympathisch, lustig und vor allem echt. Wir redeten ohne Punkt und Komma, hatten obendrein noch den gleichen Humor. Drei Biere später, beobachtete ich mich dabei, wie ich ihm ununterbrochen auf seine Lippen starrte. Sie schrien mir förmlich ins Gesicht: »Küss mich!« Aber ich hielt mich zurück. Ich fand ihn unglaublich sexy. Selten war ich bei einem ersten Date derart von meinem Gegenüber angezogen. Den ersten Schritt hätte ich dennoch nicht gewagt. Und Carsten ließ mich zappeln.

Beim vierten Date wurde auch er endlich schwach. Wir standen auf der Straße, im Begriff uns zu verabschieden. Bis zum nächsten Date. Doch Carsten beugte sich zu mir und küsste mich zögerlich, aber zärtlich, auf den Mund. Ein Schauer lief mir über den Rücken, als er mein Gesicht in seine Hände nahm. Nicht aufhören, hörte ich Herz und Schritt rufen. Dann ließ ich mich fallen. Fühlte seine weichen Lippen, die sich kaum bewegten. Fühlte, wie sie jeden Zentimeter meiner Lippen zurückhaltend erforschten. Die Härchen auf meiner Haut stellten sich auf und ich wurde immer ungeduldiger.

Vorsichtig öffnete ich meinen Mund, tastete mich mit meiner Zungenspitze sachte vorwärts, um nicht zu gierig zu wirken. Carsten erwiderte. Was um uns herum geschah, nahm ich nicht mehr war. Ich wollte einfach nur mehr. Zu meinem Entsetzen hielt Carsten plötzlich inne. »Es ist schon spät und wir müssen beide morgen früh raus«, sagte er und wich einen Schritt zurück. Da stand ich nun: angetörnt, feucht und geil. Frustriert trat ich die Heimreise an, fest davon überzeugt, dass es bei diesem kurzen Intermezzo wohl bleiben werde.

Am nächsten Morgen konnte ich es kaum erwarten, mein Handy anzuschalten. So sehr hoffte ich auf eine Nachricht von Carsten. Aber es geschah nichts. Keine SMS, kein Anruf, keine E-Mail. Zwei Tage vergingen und ich versuchte, meinen Sommer wiederzufinden und nicht an ihn zu denken. Erfolglos. Um mich abzulenken, verabredete ich mich mit Freunden zum Abendessen, trank reichlich Wein und genoss den frühen Abend, so gut ich konnte. Gegen neun Uhr spürte ich mein Handy vibrieren.

Carsten fragte: »Wo steckst du gerade? In zwanzig Minuten in der Strandbar?«

Mir stockte der Atem und ehe ich einen klaren Gedanken fassen konnte, hielt ich schon meinen Fahrradschlüssel in der Hand und verabschiedete mich.

Wir begrüßten uns schüchtern mit einem zaghaften Kuss auf den Mund, schnappten uns ein kühles Bier und redeten erneut über Gott und die Welt. Dass um uns herum nach und nach die Leute in die Nacht zogen und uns als einzige Gäste zurückließen, hatten wir beide nicht bemerkt. Als Carsten vorschlug, bei ihm zu Hause noch ein Glas zu trinken, vergaß ich alles, was nicht mit mir, ihm und diesem reizvollen Moment zu tun hatte. Betrunken genug war ich auch.

Stunden vergingen auf Carstens WG-Sofa und langsam verlor ich den Glauben daran, dass in dieser Nacht noch irgendetwas Hemmungsloses mit uns passieren würde. Dann rückte Carsten näher und küsste mich. Erst langsam, dann fordernder. Wir küssten uns lange und innig. Stück für Stück rutschte ich das Kissen hinunter und ließ mich fallen. Mein Körper wurde immer schwerer, wollte an allen Stellen berührt werden. Carsten blieb aufgestützt neben mir liegen, fuhr mir zärtlich mit seiner Hand über meinen Hals und tastete sich langsam zu meinen Brüsten herunter. Schließlich arbeiteten wir uns, knutschend und fummelnd, zu seinem Bett vor. Doch irgendwie war die Wirkung der vielen Drinks stärker, sodass wir letztlich unverrichteter Dinge einschliefen.

Meine Erregung verfolgte mich allerdings bis in meine Träume. Ich spürte regelrecht wie Carstens Finger über meine Brüste streiften. Wie er die harten Brustwarzen mit seiner Zunge liebkoste und daran saugte. Langsam züngelte er über meinen Bauch hinunter zur Innenseite meiner Schenkel. Ich rekelte mich, stöhnte beim Gedanken an seine Zunge, die mit meinem Kitzler spielt. Seinen Kopf in meinen Händen haltend, führte ich ihn zu der Stelle, die vor Geilheit fast platzte und stieß ein erleichtertes Stöhnen aus, als er endlich meine Muschi leckte. Seine Finger glitten in mich, und ich spürte, wie es mich innerlich fast zerriss.

Ich stemmte meine Ellenbogen in die Matratze, richtete meinen Oberkörper auf und öffnete meine Augen. Ehe ich begriff, dass das alles gar kein Traum, sondern Realität war, griff Carsten zu einem Kondom, strich es über und drang sanft in mich ein. Dann begann er zu stoßen. Verschlafen, wie in Trance, rieb ich meine Klitoris an seinem Schaft, dirigierte ihn zu einem Punkt, der mich fast zum Schreien brachte und mir kaum Luft zum Stöhnen ließ. Sein Begehren, die hervortretenden Adern an seinem Hals, das laute, rhythmische Atmen, sein praller Schwanz ließen mich wenige Minuten später heftig kommen.

Einige Stunden später lagen wir verschwitzt auf seinem Bett. Um uns herum aufgerissene Kondompackungen und leere Wasserflaschen. Unsere Körper passten perfekt zusammen und unser Gefühl verriet uns den Beginn einer traumhaften Beziehung.

Die 21. Geschichte vom besten Sex

AUF DER SUCHE

Lena (27), Studentin, Bonn
über
Jonas (29), Elektrotechniker, Aachen und Tim (27) Rettungsassistent, Köln

Nachdem ich mit meinem ersten Freund zum ersten Mal Sex hatte, dachte ich: »Und das soll schon alles gewesen sein?« Ich war etwas enttäuscht. Denn durch die Lektüre einschlägiger Erotikliteratur, das heimliche Anschauen der Pornosammlung meines Bruders – damals war das explizite Treiben noch weiter als einen Mausklick entfernt – und die Fantasien, die ich mir selbst bei meinen Selbstbefriedigungsorgien am Wochenende zusammenspann, waren meine Erwartungen an den Heiligen Gral des Geschlechtsaktes wohl immer höher geworden. So hoch, dass mein damaliger Freund mir, der in freudiger Erwartung feuchten und vor Erregung bebenden Freundin, auch einen Schwanz von der Größe eines Güterzuges hätte einfahren können, ohne dass ich und vor allem meine Muschi auch nur im Entferntesten zufrieden gewesen wären.

Wenn ich heute an diesen Moment zurückdenke, kann ich mir ein Grinsen nicht verkneifen. Natürlich war das nicht alles. Es war ein guter Anfang. Ein Anfang, den ich nicht missen möchte. Aber eben nur ein Anfang.

Robert, mein damaliger Freund, und ich machten es uns zur Aufgabe, immer neue Wege im Reich der Sexualität zu beschreiten, neue Landkarten zu schreiben und mir damit die Befürchtung zu nehmen, realer Sex könne nicht an die Fantasie heranreichen.

Also trieben wir es, wann und wo wir nur konnten. Und vor allem wie wir nur konnten: in der Wohnung, im Freien, im Zug, in der Umkleidekabine, auf der Restauranttoilette, mit Kamera, im Wasser, gefesselt, gewachst und gestiefelt. Mit der Zeit stellte ich fest, dass es immer wieder Neues zu entdecken gab und ich nach jeder abgehakten Erfahrung mehr brauchte. Mehr Ungewohntes, mehr Fantastisches, mehr Lustvolles.

Robert hatte irgendwann keine Lust mehr. Keine Lust mehr, sich aufopferungsvoll neue Spielarten der Liebe für mich auszudenken, nur um mich irgendwie zufriedenzustellen. Also ging er.

Vor den Kopf gestoßen stand ich zunächst alleine da. Alleingelassen mit meinem Körper, alleingelassen mit meinen Gedanken und den Plänen, die ich noch zu Ende schmieden wollte. Mit Robert. Ich verkroch mich und gab mich ganz mir selbst hin. In jeder erdenklichen Art und Weise verwöhnte ich mich selbst. Die Zeit nach Robert war eine sehr intensive Zeit, in der ich all die Dinge, die wir zu zweit erlebt hatten, wiederaufleben ließ. Meine Muschi war das Zentrum der Aufmerksamkeit. In ausgedehnten Badeorgien und Ölmassagen liebkoste ich den Teil meines Körpers, der mir am wichtigsten schien.

Sobald ich nach Hause kam, zog ich mich nackt aus und ergab mich meinem Trieb. Nahezu jede Woche stöberte ich im Sexshop nach neuem Spielzeug und durchforstete das Internet nach Möglichkeiten der Befriedigung. Mein erotisches Einsiedlerdasein gefiel mir, und ich hätte mein lustvolles Selbst vermutlich noch monatelang ausgelebt, wenn ich bei einem meiner Streifzüge durchs Netz nicht Jonas kennengelernt hätte.

Jonas hatte gerade eine langjährige Beziehung beendet und wollte sich nun – wie hätte es auch anders sein können – ohne Rücksicht auf Verluste vergnügen. Ohne Verpflichtungen, ohne Hinterfragen und ohne Drama. Er war im Netz über mein Bild gestolpert und wollte sich mit mir treffen. Seine Ehrlichkeit imponierte mir, also verabredeten wir uns fürs nächste Wochenende. Ich wusste, was mich erwartet, da Jonas mir auch einige vielversprechende Bilder geschickt hatte. Im Prinzip hatte ich nichts zu verlieren: Robert war weg, ich hatte keine Kraft, mich auf eine neue Beziehung einzulassen, und Sex war nie etwas gewesen, vor dem ich wegrannte. Im Gegenteil. So langsam sehnte ich mich doch nach dem Gefühl des Ausgefülltseins – und zwar nicht von einem leblosen Stück Gummi, sondern von einem warmen, pulsierenden Schwanz. Dass Jonas genau das hatte, was ich brauchte, sah ich schon auf dem ersten Bild, das ich von ihm erhielt.

Er kam, sah und fickte mich. Und wie er das tat.

Nach einem kurzen Vorgeplänkel im Café gingen wir schnell zu mir, wo er mich direkt aufs Bett warf. Ich kannte ihn kaum, aber sein Geruch und seine Stimme waren so angenehm, dass ich die kurz aufkeimenden Gedanken an Robert schnell weiterziehen ließ und mich Jonas hingab. Er nahm mich von vorne, von der Seite und von hinten und stöhnte bei jedem Stoß laut auf.

Er hatte mir erzählt, dass es das erste Mal sei, dass er nach seiner langen Beziehung mit einer anderen Frau ins Bett ginge, und er schon deshalb sehr aufgeregt wäre.

Das merkte ich ihm zu Anfang zwar an, aber sobald er meine Bluse weggerissen hatte und seine Hände meine Brüste kneteten, schien es, als sei ein Knoten geplatzt. Er hielt kurz inne, und ich schaute ihn an. Aber der Moment war schon verflogen. Plötzlich grinste er und warf sich auf mich, sodass mir fast die Luft wegblieb. Fordernd öffnete er meine Lippen mit seiner Zunge und umspielte dann meine mit kreisenden Bewegungen. Er schmeckte wahnsinnig gut – eine Mischung aus leichter Kaffeenote und einem süßlichen Geschmack. Ich wanderte mit meinen Händen zu seinem Gürtel und öffnete die Schnalle mit einem Ruck. Von oben glitt meine Hand in seine Jeans und bekam seinen harten Schwanz durch die Boxershorts zu fassen. Ich nahm ihn fest in die Hand und strich mit den Fingernägeln über seine Eichel. Überrascht biss mir Jonas in die Zungenspitze.

»Sag mal, heißt du mit zweitem Namen Dracula oder warum beißt du mich?«, schrie ich auf und gab ihm einen Klaps auf den Po.

»Sorry, Süße«, sagte Jonas entschuldigend, »mir ist gerade ein solcher Schauer über den Rücken gelaufen, ich konnte mich kaum beherrschen. Mach das noch mal!«

Er schaute mich mit einer Mischung aus Erregung und Erwartung an und drückte sein Becken gegen meine Hand, die immer noch in seiner Jeans steckte.

»Das musst du aber wiedergutmachen«, ermahnte ich ihn gespielt und liebkoste seine Eichel, indem ich immer wieder sanft mit den Fingernägeln daran kitzelte. Jonas stöhnte und krallte seine Finger in meinen Oberschenkel. Schon spürte ich einen Lusttropfen an meiner Hand und zerrte ihm die Jeans von den Beinen. Befreit trat er sie auf den Boden des Schlafzimmers und ließ mich seine Erektion durch mein Höschen spüren, als er sich erneut auf mich legte. Immer wieder drückte er seinen Schwanz an meine Muschi und knetete meinen Po fest mit seiner Hand.

Immer wilder und immer gieriger rissen wir uns die letzten Kleidungsstücke herunter und lagen dann nackt aufeinander. Jonas biss sanft in meinen Hals, während ich seinen Schwanz in meiner Hand knetete. Sein Stöhnen wurde immer heftiger, was mich so erregte, dass ich seinen Schwanz mit der Hand an meine Muschi führte und ihm so das Zeichen gab, mich sofort und auf der Stelle zu ficken. Er drang mit einer ausladenden Beckenbewegung in mich ein, brach aber schon nach ein paar Stößen ab und drehte mich auf die Seite. Sein feuchter Schwanz vergrub sich nun von hinten in meiner Muschi, während er meinen Kitzler mit zwei Fingern massierte. Ich spürte Jonas' schneller werdenden Atem in meinem Nacken und war selbst so geil, dass ich mit einer Hand seinen Po immer heftiger und schneller in meine Richtung drückte.

»You don't have to be rich to be my girl, you don't have to be cool to rule my world ...«

Stand ich vor Lust derart neben mir, dass ich jetzt schon die Prince-Glocken läuten hörte? Nein – das war Jonas' Handy, das in seiner Hose auf dem Boden vor sich hin trällerte.

Alles kein Problem, dachte ich, es wird schon wieder aufhören. Es hörte nicht auf. Prince hatte Zeit, zwei Strophen und drei Refrains zu singen, bis Jonas genervt innehielt und sagte: »Tut mir leid, es scheint wohl wichtig zu sein, ich muss rangehen.«

Ja, das tat mir auch leid. Gerade hatte ich noch einen harten Schwanz in mir, jetzt lag ich nackt und sauer auf dem Bett.

Ich schaute Jonas an: »Wenn das jetzt nicht wichtig ist ...«

Er hob beschwichtigend seine Hände, während er auf den Anrufer einredete:

»Was? ... Nein! ... Doch sicher ... Heute? ... Nein, hattest du nicht gesagt ... Nächstes Wochenende! ... Mist, und jetzt? ... Ja, ich bin bei ihr ... Ja! ... Äh, du hast gerade gestört!«

Dann war eine ganze Weile Stille, und Jonas nickte nur.

Er schaute mich an, als er seinen Gesprächspartner in die Warteschleife hängte: »Also, ich weiß, wir kennen uns erst seit heute ... Ich weiß, das ist jetzt völlig daneben, aber eigentlich war ich heute mit meinem Freund Tim verabredet. Er ist vor ein paar Monaten für eine Weile ins Ausland, um Abstand von seiner Freundin zu gewinnen. Sie hatte Schluss gemacht. Irgendwie ist er dann völlig durchgedreht und musste einfach weg. Ich dachte, er würde erst nächstes Wochenende wiederkommen, aber das habe ich wohl verwechselt. Wir wollten uns eigentlich jetzt treffen, und ich habe es völlig verschwitzt.«

Er legte seine Hand auf meinen Oberschenkel und ich fragte mich, was er nun vorhatte.

»Ich habe ihm auch von dir erzählt«, sagte Jonas leise, »und er will sich trotzdem mit mir treffen. Also mit uns. Bei dir. Jetzt.«

Er hielt inne und druckste herum. Das war es also. Sein Freund Tim war anscheinend im Ausland auf andere Gedanken gekommen und wollte die Gelegenheit direkt beim Schopfe packen. Meinem Schopfe.

Ich lachte: »Du willst mir jetzt im Ernst erzählen, dass dein Freund Tim hier vorbeikommen will, wir dann Urlaubsfotos anschauen, ein Glas Wein trinken und er dann wieder fährt?«

»Äh nein«, druckste Jonas, »ich habe Tim deine Fotos gezeigt – okay, das war nicht ganz korrekt von mir –, aber er war ganz begeistert. Und als er jetzt gehört hat, dass ich gerade bei dir bin, wollte er auch kommen.«

Gut, Jonas fragte mich also anscheinend indirekt, ob ich einen Dreier mit ihm und Tim haben wolle. Ich hatte keine Lust auf dieses Herumgedrucks. Wenn Tim nur annähernd so eine sexuelle Ausstrahlung hatte wie Jonas, sollte er doch kommen.

Ich griff nach dem Hörer: »Hey, hier ist das Objekt deiner Begierde. Zwei Schwänze nur für mich? Setz dich ins Auto und komm vorbei, wir warten!«

Ich gab dem verdutzten Jonas den Hörer für letzte Instruktionen in die Hand und kuschelte mich ins Bett. Ein Dreier also. Zwei Kerle nur für mich. Vielleicht gab mir das ja die Erfüllung, die ich schon so lange suchte. Schaden konnte es auf keinen Fall. Ich war aufgeregt. Wie Tim wohl aussah? Ob er direkt loslegte? Ich beschloss, mich gar nicht erst wieder anzuziehen, und zog Jonas zu mir, als er aufgelegt hatte.

»Du bist echt eine Sau«, grinste Jonas und strich über meine Brust.

Als es eine halbe Stunde später klingelte, hatten Jonas und ich gerade wieder angefangen, heftig zu knutschen. Sein Schwanz strich dabei immer wieder über meine Beine und meine Muschi.

Ich sehnte mich danach, ihn noch mal in mir zu spüren, also sprang ich nur kurz auf, drückte den Türöffner und rief: »Zweiter Stock, komm einfach hoch!«

Zurück im Schlafzimmer erblickte ich Jonas, der auf dem Rücken lag und seine pralle Erektion massierte. Der Anblick machte mich so scharf, dass ich mich direkt auf ihn setzte und seinen Schwanz in meine Muschi gleiten ließ. Mit Blick zur Tür stöhnte er laut auf und griff fest um meine Hüfte.

»Ich komme wohl gerade rechtzeitig«, hörte ich jemanden hinter mir sagen und drehte mich um. Tim stand in der Tür und schaute uns an. Er gefiel mir sofort. Ohne weitere Worte kam er zu uns aufs Bett. Jonas und er wechselten einen Blick, und schon spürte ich Tims Hände an meinem Rücken. Er hatte sich hinter mich gesetzt und griff nun von hinten an meine Brüste, während ich immer noch Jonas ritt. Ich hielt kurz inne, aber beschloss, mich einfach der Situation hinzugeben. Zwei Männer, die ich kaum kannte, begehrten meinen Körper und schauten mich gierig an. Jonas und Tim schienen sich wirklich schon lange zu kennen, denn als Tim sich auszog und seinen harten Schwanz an meinem Hals rieb, gab es keinen unangenehmen Moment zwischen uns. Es war ja nun nicht alltäglich, dass man mit seinem besten Freund zusammen das Vergnügen hatte, dieselbe Frau zur selben Zeit zu ficken. Ich drehte mich zur Seite und fing an, mit meiner Zunge über Tims Schwanz zu lecken. Ich nahm ihn ganz in den Mund und saugte heftig, während ich Jonas immer noch tief in mir spürte. Dieser Anblick machte Jonas anscheinend rasend.

»Das ist einfach nur geil«, stöhnte er und drückte sein Becken mit aller Kraft gegen mich.

»Absolut großartig, mein Schwanz in deinem Mund, ... wie du Jonas fickst, ein geiles Willkommen!«, ächzte Tim vor Lust.

Jonas fing an zu beben, und ich ließ mein Becken immer schneller kreisen. Tim sah zu, wie ich an ihm lutschte und Jonas immer wilder wurde. Mit einem letzten tiefen Stoß kam Letzterer laut stöhnend und blieb fast reglos liegen.

»Das ist normal bei ihm«, stöhnte nun auch Tim, »er braucht immer etwas Zeit, um wieder auf Touren zu kommen.«

Beste Freunde? Oder war da noch etwas anderes? Ich ließ meine Gedanken schweifen und fragte mich, ob Tim und Jonas sich nicht doch noch besser kannten, als ich bisher dachte.

Tim verlor keine Zeit und übernahm die Führung. Er drehte mich um, sodass ich neben Jonas lag und griff eines der Kondome auf meinem Nachttisch. Schon spürte ich Tims Schwanz in mir – langsam fing er an, mich zu ficken. Mit meinem Kopf lag ich an Jonas' Hals und ließ mich von Tim ficken. Von oben und von der Seite drückten sich die beiden Männer gegen mich. Nach einer Weile erwachte Jonas gänzlich aus seiner Starre und wanderte mit seiner Hand zu meiner Muschi. Während Tim immer wieder tief in mich eindrang, liebkoste Jonas meinen Kitzler. Ich glühte vor Lust und wusste, dass mich gleich ein gigantischer Orgasmus überrollen würde. Meine Erregung wuchs, und ich spürte nur noch Haut, Schwanz und Hände. Jonas ließ nun auch seine Zunge über meine Brustwarzen kreisen und rieb seinen wieder hart gewordenen Schwanz an mir. Ich spürte seine heiße Erektion und griff gierig nach ihr. Im Rhythmus von Tims Stößen massierte ich Jonas' Schwanz. Wir stöhnten. Tim beugte sich vor und küsste mich. Jonas' Haare kitzelten mein Gesicht, während ich Tims Zunge in meinem Mund spürte.

Jetzt oder nie, dachte ich und sagte zu Jonas: »Jonas, küss ihn!«

Ich drehte mich zu Jonas, und Tim folgte meinem Mund, während er mich weiter küsste. Als ich meine Zunge über Jonas' Lippen gleiten ließ, war kaum auszumachen, wessen Zunge in welchen Mund glitt. Meine Geilheit war kaum mehr zu bändigen, und ich zog meinen Kopf zurück, um zu sehen, wie Tim und Jonas sich einen innigen Zungenkuss gaben. Tim in mir, Jonas'

Schwanz in meiner Hand und seine Hand an meinem Kitzler, zwei geile Männer, die sich vor meinen Augen begehrten: Ich konnte nicht mehr. Ich ließ meiner Lust freien Lauf und kam bebend zum Höhepunkt. Die beiden beobachteten meinen zitternden Körper, und ich spürte zwei lange tiefe Stöße von Tim, der nun seine Hände in Jonas' Haar vergrub und mit mir kam. »Einfach nur geil«, wiederholte Jonas und setzte sich auf. Er nahm seinen Schwanz in die Hand und spritzte mir nach ein paar kurzen Bewegungen laut stöhnend auf den Bauch.

Ich drückte mich an Jonas, als Tim sich von der Seite an mich schmiegte. Haut, Hände, Zungen, Schwänze. Das, wonach ich suchte, bekam ich heute im Überfluss. Aber würde das jemals genug sein? Ich schauderte.

158

Die 22. Geschichte vom besten Sex

ELEKTROLOVE

Jennifer (25), Redakteurin, Hamburg
über
Jonas (27), PR-Assistent, Hamburg

Die Modebranche. Sexy wie eine Branche nur sein kann. Sagt man. Seit meinem ersten Artikel über Handtaschen und High Heels bin ich keinem einzigen Typen begegnet, den ich gerne nackt gesehen hätte. Männer, die weniger wiegen als ich, in knallenger 300-Euro-Röhre und mit asymmetrischem Haarschnitt? Nein danke.

So kam es, dass ich länger als zwei Jahre keinen Sex mehr hatte. Der Job fraß mich auf, für Freizeit, Partys oder Dating-Portale im Internet blieb keine Zeit.

Doch da ich zu dem Typ Frau gehöre, der – wenn er sich nur ständig mit Konsum ablenkt – überhaupt keinen Sex braucht, traf mich dieses Schicksal nicht einmal sonderlich hart. Schlimmer noch: Ich verschwendete keinen Gedanken an meine Vagina! Und »Orgasmus« war für mich bis dahin eh nur ein Wort gewesen, das meine Kolleginnen aus dem Erotik-Ressort benutzten. Ich hatte schon einige Männer im Bett gehabt, aber keiner von ihnen hatte mich je zum Höhepunkt gevögelt. Während wir Frauen uns von den Medien gerne einreden lassen, oben zu wenig und unten zu viel zu haben, schienen (meine) Kerle sich von Männermagazinen und Fickfilmchen nur bestätigt und bestärkt zu fühlen. Meine erotischen Abenteuer bestanden meist aus abgeschmackten Rein-Raus-Spielchen, die (zum Glück) nie länger als fünf Minuten dauerten. Man wird verstehen, warum mir die lustlose Zeit nicht viel ausmachte.

Doch an einem Freitag im Mai sollte die abstinente Phase mit einem lauten »Peng!« enden.

Etwa drei Tage vor dem besagten Tag legte mir meine Kollegin einen schwarzen Umschlag auf den Schreibtisch.

»Ich kann da nicht hin. Du musst übernehmen.«

Ätzend, dachte ich. Schon wieder so ein nervtötendes Event, das mir den Feierabend ruiniert.

Im Kuvert verbarg sich wie erwartet eine Einladung. Allerdings ging es diesmal nicht um eine schnöde Pressekonferenz, sondern um die Eröffnung einer Dessous-Boutique.

»Betrink dich und bring mir bloß eine Goodie-Bag mit!« sagte meine Kollegin noch beim Herausgehen und zog meine Bürotür hinter sich zu. Ich versprach mir nicht sonderlich viel von dem Abend. Wollte mich nur kurz blicken lassen, ein paar Notizen machen und am Montag eine CD mit Shop-Fotos als Beweis für meinen journalistischen Fleiß mitbringen.

Freitagnachmittag klappte ich zwei Stunden eher meinen Laptop zu, um mich noch ein bisschen aufzuhübschen, früh zur Einweihung zu fahren und noch früher wieder abhauen zu können. Zu Hause entschied ich mich für einen schwarzen, knielangen Rock, rotbesohlte Schuhe und – einen dezenten Dessous-Look fand ich angebracht – Spitzenkorsage statt Top.

Als ich die schwere Glastür zur Boutique aufstieß, tummelten sich schon unzählige Redakteurinnen, die offensichtlich mit den gleichen Zielen hierher gekommen waren wie ich: An ihren Unterarmen baumelten bereits schwarze Tütchen mit der Aufschrift »With Compliments« und leere Sektgläser wurden eifrig gegen frisch gefüllte ausgetauscht. Als ich mir den Weg durch die gackernd-glucksende Menge bahnte, rempelte mich plötzlich jemand von der Seite an.

»Au!«, meckerte ich schlecht gelaunt los.

»Sorry.«

Als ich dem Übeltäter ins Gesicht schaute, blieb mir der Atem weg. Dieser Typ war nicht von dieser Welt. »Bigger than life«, würde meine Amerika liebende, beste Freundin sagen. Groß, dunkle, kinnlange Locken, Keanu Reeves-Mandelaugen und ein breites Lächeln. Er trug Jeans und Hosenträger über einem tief ausgeschnittenen Shirt, das Sicht auf die zartbehaarten Umrisse seiner Brustmuskulatur frei gab.

Mir wurde schlagartig heiß, mein Herz klopfte und meine Wangen wurden pinker als mein Lippenstift. Ich versuchte, mir nichts anmerken zu lassen.

»Schon gut. Ist ja nix passiert.«

»Trotzdem. Sorry! Darf ich dich vielleicht auf eine Cola einladen?«

Eine Cola? Anstatt mir großspurig Champagner oder einen Cocktail anzubieten, hielt dieser Typ Softdrinks für angebrachter. Damit brachte er mich schlagartig um den Verstand.

»Ach, was mit Alkohol würde ich auch annehmen.«

Plötzlich hatte ich nur noch eines im Kopf: Betrink dich! Und mach, dass deine Nervosität verschwindet. Du musst cool sein.

Er fasste mir sanft auf die Schulter und eskortierte mich durch die Menge. Seine warme Handinnenfläche berührte dabei meine Haut. Ich schwitzte.

Er trank Cola, ich Prosecco. Erst einen, dann zwei, dann … was weiß ich wie viele. Ich wusste nur eins: Ich war beschwipst und der Mann gefiel mir mit jedem Tropfen Alkohol besser.

»Wie heißt du eigentlich?«, fragte ich ihn mit immer kleiner werdenden Augen.

»Jonas.«

Jonas. Jonas, komm, küss mich, fass mich an und bring mich irgendwohin, wo wir allein sind, dachte ich.

Er schien mir meinen geheimen Wunsch von den glasigen Äuglein ablesen zu können und fragte: »Findest du diese Veranstaltungen nicht auch völlig langweilig?«

Ich nickte wortlos und wankte von einem Fuß auf den anderen.

»Lass uns abhauen, Schönheit!«

Er nannte mich Schönheit. Mir schoss plötzlich die Nässe zwischen die Beine und ich wollte unbedingt, dass er meine Erregung bemerkte.

Wir holten unsere Jacken und liefen Hand in Hand in Richtung Taxistand. Ich hatte das Gefühl, dass er es kaum noch abwarten konnte, mit mir allein zu sein. Er drückte meine Hand ganz fest und zog mich – fast schon eilend – hinter sich her.

Schon auf der Rückbank des Taxis konnten wir kaum noch die Finger voneinander lassen. Er streichelte mein Knie, schaute mir pausenlos in die Augen und biss sich immer wieder ungeduldig auf die Unterlippe.

Ich legte meine Hand auf seinen Oberschenkel und ließ sie ganz langsam in Richtung Körpermitte wandern. Nach einigen Zentimetern spürte ich bereits den Ansatz seines hart gewordenen Schwanzes durch den warmen Jeansstoff. Ich genierte mich ein bisschen für diesen unanständigen Gedanken, aber er schien mehr als nur gut bestückt zu sein. »Er« war riesig. Und ich glücklich.

Nach einigen Minuten hielt das Taxi an. Jonas drückte dem Fahrer eilig einen Schein in die Hand, sprang aus dem Wagen, rannte auf die andere Wagenseite und half mir aus dem Auto.

Ein Gentleman, dachte ich. Ein Gentleman mit Riesenschwanz.

Wir ließen die nachtblaue Straße hinter uns, stiegen eine knarrende Holztreppe hinauf und betraten Jonas' dunkle Wohnung. Das Licht blieb aus. Dafür hatten wir keine Zeit, nein, keine Geduld. Er umfasste mit beiden Händen mein Gesicht, schob seine zitternde Zunge in meinen Mund und küsste mich stürmisch. Meine Finger klebten an seinem Schritt seit wir aus dem Taxi ausgestiegen waren. Jetzt löste ich sie und fuhr ihm damit immer wieder durch die dunklen Locken. Er bewies Geschick und öffnete mit einem Handgriff den Häkchenverschluss meiner Korsage. »Du hast eindeutig zu viel an«, flüsterte er mir mit heißem Atem ins Ohr. Dann öffnete er auch noch den Reißverschluss meines Rocks und schob ihn hastig herunter. Er kniete sich auf den Boden und biss mir sanft in die Möse. Meinen Slip hatte ich noch an.

»Komm«, sagte er und führte mich ins Schlafzimmer. Er zündete eine dicke, schwarze Bodenkerze an, die neben einer Matratze stand. Bei schummrigem Licht zogen wir uns gegenseitig aus und ließen uns in einen Kissenberg fallen. Ich war so betrunken, konnte kaum noch klar denken. Immer wieder lutschte er an meinen Brustwarzen. Erst an der linken, dann an der rechten. Irgendwann verschwand sein hübscher Kopf zwischen meinen Beinen. Ich konnte nicht sehen, was er machte, aber es fühlte sich an, als wenn drei Zungen gleichzeitig an meinem Kitzler zugange wären. Zuerst berührte er meine steinhart gewordene Cocktailkirsche mit der Zungenspitze. Dann sammelte er ein wenig Speichel in seinem Mund und spuckte ihn mir vorsichtig auf die Schamlippen. Seine Finger glitten in kreisenden Bewegungen über meine Spalte. Dann küsste er sie und massierte sie danach wieder mit der Zunge.

Ich hätte durchdrehen können. Ich wollte ihn endlich ganz spüren. Seinen Schwanz zwischen meinen glitschigen Schenkeln. Als er sich dann über mich beugte, konnte ich es kaum noch erwarten.

Doch anstatt endlich in mich einzudringen, griff er an mir vorbei und zog eine kleine Kiste unter seinem Nachttischchen hervor.

Oh nein, dachte ich. Was kommt jetzt? Steht er auf SM?

Doch statt Peitsche oder Handschellen kramte er ein Kondom, einen riesigen Dildo in Maiskolbenform und einen kleinen, weißen Vibrator hervor.

Meine Geilheit verkehrte sich von einer auf die andere Sekunde in Angst. Ich hatte keine Erfahrung mit Sextoys gesammelt und es erschien mir irgendwie lächerlich, dass er anscheinend ein ganzes Arsenal neben seinem Bett versteckte. Na toll, redete ich mir zu. Du bist eine von vielen und er denkt, er ist der Größte.

Doch bevor ich meine Zweifel zum Ausdruck bringen konnte, umfasste Jonas meine Taille und drehte mich sanft auf den Bauch. »Streck mir deinen Arsch entgegen, Schönheit«, flüsterte er. Ich war von seiner Offenheit überrumpelt und tat, was er sagte. Es vergingen ein paar Sekunden, in denen er mich nicht berührte. Wahrscheinlich, so mutmaßte ich, zog er sich in dieser Sekunde das Kondom über. Ein Gedanke, der mich so geil machte, dass ich alle Skepsis vergaß. Doch als er mir endlich wieder näher kam, spürte ich nicht ihn zwischen meinen Schenkeln, sondern das weiche Silikon des Dildos. Ich zuckte zurück. »Entspann dich.« Ich tat, was er sagte und konzentrierte mich nur auf das, was ich fühlte. Ganz langsam schob er die Spitze des Maiskolbens in meine Möse. Dann zog er sie gleich wieder heraus, um dasselbe mit seiner Zunge zu machen. Ich stöhnte laut auf. Dildo, Zunge, Dildo, Zunge. Ich hätte platzen können. Als ich schon glaubte, nicht mehr Stimulation ertragen zu können, ertönte das leise Summen des Vibrators. In dem Moment, als Jonas das zuckende Spielzeug an meinen Kitzler hielt, erahnte ich, wovon meine Kolleginnen in ihren Orgasmus-Artikeln geschwärmt hatten. Die Vibrationen waren plötzlich überall. Wie tausend Finger, tausend Federn oder noch mehr. Am leisen Schmatzgeräusch hinter mir konnte ich hören, dass Jonas sich einen runterholte, während er mich durch meine Beine beobachtete. Ich ließ alle dreckigen Gedanken, vor denen ich mich bisher immer so gefürchtet hatte, zu. Mein Kopf avancierte zum privaten Sexkino. Ich stellte mir Jonas vor, dachte an meinen Ex-Freund und dann wieder an einen völlig Fremden. Ich schaute durch meine gespreizten Beine nach hinten und erblickte Jonas Hand, die immer wieder vom Ansatz bis zur rosafarbenen, prallen Spitze seines Schwanzes glitt.

Er stöhnte.

Dann kam ich. Meine Gedanken lösten sich in einem heißen Feuerwerk, in einem Ganzkörperzittern auf. Ich presste mein Gesicht ins Kissen und erstickte damit einen lauten Schrei. Jonas verstand, dass ich gekommen war.

Er drückte sich von hinten gegen meinen Po und drang endlich in mich ein. Obwohl meine Geilheit mehr und mehr verflog und einem Gefühl der völligen Entspannung wich, fühlte er sich gut in mir an. Er brauchte sechs, sieben Stöße. Dann kam auch er.

Ermattet ließ er sich neben mich fallen. Ich blieb regungslos auf dem Bauch liegen und genoss die Nachbeben meines allerersten Orgasmus'.

Am Montag kam ich gut gelaunt in die Redaktion. Die Goodie-Bag für meine Kollegin hatte ich vergessen. Aber der Artikel über die Shop-Eröffnung fiel positiver aus als erwartet.

Die 23. Geschichte vom besten Sex

SCHÖN WIE PATRICK BATEMAN

Clara (30), Mode-Designerin, München
über
Charles (33), Broker, München

Wir begegneten uns in einem Café in der Innenstadt. Es war Oktober. Ich steckte mitten in den Diplomvorbereitungen und wollte meinen Frust über die schlechte Beurteilung, die ich von einer meiner Professorinnen erhalten hatte, mit einem Espresso hinunterspülen. Als ich mich setzte und meinen Blick durch den Raum schweifen ließ, bemerkte ich einen unfassbar gutaussehenden Typen, der nicht nur zurückschaute, sondern geradezu starrte. Unsere Blicke trafen sich. Seine eisblauen Augen fixierten mich und ließen mich nicht mehr los. Er sah fantastisch aus: dunkler Maßanzug, weißes gestärktes Hemd mit Manschettenknöpfen, rote Krawatte und das passende Einstecktuch. Blondes, zurückgekämmtes Haar, braungebrannt. Eigentlich hasste ich diese Art von überstylten Männern, aber der hier war purer Sex. Er sah jung aus, war höchstens Ende zwanzig, aber seine Aufmachung und Attitüde wirkten Jahre älter. Zwei Blackberrys und ein weiteres Telefon lagen auf dem Tisch und blinkten ununterbrochen. Doch er schenkte ihnen keine Beachtung und beobachtete stattdessen mich. Ich spürte, wie heiß mir bei seinem Anblick wurde, und mein Herz begann zu rasen.

Ich hatte zu dieser Zeit eine mehr oder weniger hoffnungslose Beziehung zu einem Mann, der nie da war und von dem ich fast nichts – bis auf seinen Namen und seinen Job – wusste. Er war der Typ Mann, der sich immer alles offenhält. Ich kannte ihn seit drei Jahren, sah ihn aber nur alle paar Monate. Unverbindlich, aber intensiv. Wir hingen emotional aneinander. Und das, obwohl wir genau wussten, dass es zwischen uns nicht funktionieren konnte. Ich war süchtig geworden nach diesem Schmerz, der Sehnsucht und der Hoffnungslosigkeit. Obwohl ich mir einbildete, ihn zu lieben, war er doch so weit weg, dass ich mir die Zeit mit anderen Männern vertrieb. Ich liebte nur den einen, aber schlafen wollte ich mit allen anderen.

Ich fühlte mich an diesem Tag unwohl, da ich weder fit noch anständig angezogen war. Ich trug hellblaue Jeans, einen Pulli und eine abgetragene Lederjacke. Aber ich bemerkte, dass er mich trotz meines Schlabberlooks mit seinen Blicken auszog und unentwegt anlächelte. Also beschloss ich zurückzulächeln. Was hatte ich denn zu verlieren? Gar nichts. Und am Ende wäre es eh nur Sex.

Meine lächelnde Antwort schien ihn weder zu überraschen noch zu überfordern. Er stand auf. Ich wurde nervös und wusste plötzlich nicht mehr, wie ich reagieren sollte. Ich schaute unsicher auf den Tisch und zupfte an meinem Haar herum. Sein Gang war zielstrebig und sicher. Er sah unglaublich aus. Groß, durchtrainiert und elegant.

Er strahlte mich an und sagte: »Hallo, darf ich dich auf einen Kaffee einladen?«

»Ja, gerne«, antwortete ich und überraschte mich damit selbst. Er war einfach zu sexy, um ihn abzuweisen.

»Was machst du so?«, fragte er.

»Ich schreibe gerade an meiner Diplomarbeit und werde mich deshalb wahrscheinlich gleich betrinken müssen«, sagte ich und musste im gleichen Moment loslachen. Mir wurde wieder heiß. Er grinste mich an. Der Gedanke an ein gemeinsames Besäufnis schien nicht nur mir zu gefallen. Es folgte eine belanglose Konversation über das Studium, die Stadt und das Nachtleben. Wie es immer am Anfang läuft. Nichts Besonderes.

Als uns irgendwann der Gesprächsstoff ausging und wir uns anschauten, wussten wir wohl beide, dass das hier in hemmungslosem Sex enden würde. Es gibt Begegnungen, bei denen man ahnt, was passieren wird. Diese hier war so eine. Ich verspürte schon nach einer Minute den Drang, mit ihm zu schlafen. Am liebsten gleich. Nach einer Stunde musste Charles zu einem geschäftlichen Termin und lud mich für den gleichen Abend zum Essen ein. Ich fragte mich, warum wir nicht gleich zu ihm gingen und auf seinem Schreibtisch fickten. Diese Fantasie wollte ich schon immer Wirklichkeit werden lassen!

Wir trafen uns abends auf ein Glas Champagner in seinem Apartment. Dieser zweistöckige Designtempel mit Dachterrasse und Blick über die Stadt erweckte den Eindruck, als ob ihn niemand bewohnte. Alles glänzte und wirkte vollkommen unbenutzt. Ich fühlte mich plötzlich an Szenen aus *American Psycho* erinnert. Auch die Ähnlichkeit zwischen Charles und Christian Bale als Patrick Bateman war auf einmal nicht mehr zu übersehen. Ich vertrieb den Gedanken, dass er ein Psychokiller sein könnte, jedoch schnell.

Ich hatte mein bestes Kleid an. Schwarz, sexy, aber nicht zu aufreizend. Armani eben.

»Du siehst unglaublich aus«, sagte er und küsste mich zur Begrüßung auf die Wange. Ich fühlte, wie die Hitze wieder in mir hochkochte. Ich wollte bleiben und mich die ganze Nacht von diesem Mann vögeln lassen. Aber wir mussten wenigstens so tun, als ob wir anderes im Sinn hätten, und gingen essen.

Charles wollte mir offensichtlich demonstrieren, dass er ein Gentleman mit vollem Bankkonto ist: Er spendierte eine Taxifahrt, ein 3-Gänge-Menü, Schampus und sündhaft teure Cocktails. Aber das Essen wurde im Laufe des Abends immer zweitrangiger. Die Stimmung wurde mit jedem Drink intimer, wir strahlten uns an und flirteten heftig miteinander. Nach zwei Cocktails und mehreren Gläsern Wein gestand er mir, dass er verheiratet war und einen Sohn hatte. Erstaunlicherweise machte mir diese Tatsache nicht das Geringste aus. Im Gegenteil: Es erschien mir spannend, mit einem vergebenen Mann zu schlafen. Vielleicht war das verachtenswert, aber ich liebte das Spiel mit dem Feuer. Männer, die eigentlich nicht zu haben sind, bekam ich immer.

»Hast du noch Lust auf ein Glas bei mir?«, fragte er.

»Ja, gerne«, sagte ich fast schüchtern. Was für eine überflüssige Frage!

Er legte seinen Arm um mich und brachte mich in seine Wohnung. Auf dem Weg dorthin war ich schon so erregt, dass ich mich selbst bei der kleinsten zufälligen Berührungen beherrschen musste.

Er stellte mich auf eine Geduldsprobe. Erst einmal zeigte er mir die Aussicht von seiner Terrasse und schenkte uns noch ein Glas Veuve ein. Irgendwann setzten wir uns endlich auf die Couch und küssten uns. Ich war sexuell ausgehungert und dieser Mann, in seinem weißen Hemd und dem tollen Anzug, war so heiß, dass ich es kaum noch abwarten konnte, seinen Schwanz in mir zu spüren. Er schob mein Kleid hoch und fasste zwischen meine Beine. Ich war schon nass und zuckte bei jeder seiner Berührungen. Ihm schien meine Hypersensibilität zu gefallen und er hörte nicht auf, mich zu massieren, zu lecken und zu küssen.

»Wollen wir hochgehen?«, fragte er mich.

»Nein, lass es uns hier unten machen.«

Ich stand auf und zog mein Kleid aus. Ich stand in High Heels und schwarzer Unterwäsche vor ihm und öffnete langsam meinen BH. Er lehnte sich zurück und starrte mich an. Erst jetzt sah ich die riesige Beule in seiner Hose. Er zog sein Hemd aus, dann die Hose. Dann griff er nach seinem Ständer und fing an, ihn zu massieren. Ich lächelte ihn an und ging hinüber zu seinem Schreibtisch. Er verstand, was ich vorhatte und folgte mir. Charles presste mich rücklings gegen den Tisch und schob gierig seine Zunge in meinen Mund. Wir küssten uns leidenschaftlich, dann leckte er meinen Hals, wanderte langsam hinunter zu meinem Bauch und schließlich zu meiner Möse.

Schon jetzt atmete ich schneller und war kurz davor zu kommen. Noch nicht! Ich zog ihn zu mir hoch und nahm seinen Schwanz in die Hand. Ich konnte an Charles' gläsernem Blick erkennen, wie geladen er war. Er zog mich an sich und drang in mich ein. Ich stöhnte laut auf und ließ mich auf den Tisch gleiten. Jetzt fickte er mich hart. Immer schneller, immer fester, ohne Rücksicht. Sein Chauvinismus machte mich an und ich explodierte fast vor Lust. Er spürte, dass ich zu allem bereit war, packte mich beim Becken und drehte mich um. Ich spreizte meine Beine und streckte ihm meinen Po entgegen. Jetzt lag ich mit dem Oberkörper und meinen Brüsten auf den Tisch gepresst und er nahm mich von hinten. Seine Stöße wurden immer fester, schneller und rhythmischer. Ich musste mich am Tisch festkrallen, um nicht nach vorn geschoben zu werden. Er war so tief in mir, dass ich schrie.

»Baby, du bist unglaublich. Ich könnte dich die ganze Nacht ficken.«

Ich antwortete nicht, war nicht mehr in der Lage, irgendetwas zu sagen.

Plötzlich packte er mich wieder, drehte mich auf der Tischplatte um und setze sich vor mich auf seinen Schreibtischstuhl. Ich wusste, wonach ihm der Sinn stand und ließ mich auf seinen Schoß sinken.

»Ich will dich sehen, wenn ich komme. Du bist so schön.«

Mit einer Hand umfasste er meinen Po, mit der anderen streichelte er mein Gesicht. Ich lutschte an seinem Finger und bewegte mich auf und ab. Er presste mich gegen sich, als ob er wünschte, wir würden miteinander verschmelzen. Dann stöhnte er laut und kam. Obwohl ich den gemeinsamen Höhepunkt immer für ein Märchen gehalten hatte, kam es auch mir nur wenige Sekunden später. Ich presste mich ein letztes Mal fest gegen ihn und spürte ihn so tief in mir, dass es fast wehtat.

Als ich aufstand, saß er immer noch nackt und mit Ständer auf dem Stuhl. Er grinste mich mit diesem selbstgefälligen Gesichtsausruck an, den Männer wie er auflegen, wenn sie glauben, etwas Außerordentliches geleistet zu haben. Er kämmte seine blonde Mähne mit den Fingern nach hinten und zog seine Armbanduhr an.

»Baby, nur damit es keine Missverständnisse gibt: Das hier ist nur Sex«, sagte er und warf mir respektlos eine seiner Kreditkarten und eine Visitenkarte hin. »Mach damit, was du willst, aber sei hier und fick mich jedes Mal so wie heute.« Dann stand er auf und ging ins Bad.

Keine Frage: Charles war ein Schwein. Trotzdem bescherte er mir den besten Sex meines Lebens. Ich ließ die Karten liegen und kam nie wieder.

Die 24. Geschichte vom besten Sex

SIEDEPUNKT

Carla (25), Studentin, Hamburg
über
Felix (27), Student, Hamburg

Die Luft war drückend an diesem Freitagmorgen. Es war schwül, schwelend, brennend, glühend, siedend. Mein dünnes Jerseykleid klebte mir am Rücken, meine Kniekehlen waren schweißnass. Ein kleines salziges Rinnsal lief zwischen meinen Brüsten entlang und bildete einen dunklen Fleck auf dem taubenblauen Stoff über meinem Bauch.

Warum war ich nur zu diesem Seminar gegangen? Wie bescheuert muss man sein, um sich an einem Tag wie diesem in den zwölften Stock des Philosophenturms zu begeben? Es erschien mir unmöglich, den Interpretationsvorschlägen einiger weniger überengagierter Kommilitonen zu Hans Erich Nossacks *Spirale* zu folgen. Immer wieder schweiften meine Gedanken ab und ich blickte aus dem Fenster. Die Luft war schwer und lag dicht wie ein Wattebausch auf der Stadt. Noch zwanzig lange Minuten.

Gelangweilt kaute ich an meinem Bleistift, nuckelte lauwarmes Wasser aus einer Plastikflasche und wünschte, ich könnte die Zeit vordrehen. Ich wünschte, ich könnte mir die verschwitzten Kleider vom Leib reißen, eintauchen ins grüne Wasser eines einsamen Sees, in dem sich das Sonnenlicht bricht, das kühle Nass auf meiner Haut spüren, mich ins warme, weiche Gras ans Ufer legen, die glitzernden Wassertropfen auf der Haut verdunsten lassen. Ich spürte den leichten, kühlen Wind über meinen Bauch streichen und meine blanken Brüste kitzeln, sah die Sonnenstrahlen sich wie Finger zärtlich nach meinen Schenkeln und Hüften strecken.

Und dann war er plötzlich da. Drückte seine nassen Lippen auf meine, streichelte mir mit seinen tropfenden Haaren den Hals.

Verdammt. Ich wollte doch nicht an ihn denken! Nicht an seine Hände, nicht an seine Lippen, nicht an seine … Stopp! Wie war das mit den autobiographischen Zügen bei Nossack? Und wieder suchte sich ein kleiner Schweißtropfen kitzelnd seinen Weg Richtung Bauchnabel. Noch fünf Minuten.

Ich hatte doch alles so gut im Griff. War endlich überzeugt davon, dass er es nicht wert war. Darüber hinaus war er nicht annähernd so hübsch, wie ich es mir eingebildet hatte. Und überhaupt hatte ich etwas Besseres verdient! Wenn ich nur nicht immer wieder seine Silhouette in irgendwelchen Menschenansammlungen erblickt hätte, seinen Schatten an der Bushaltestelle, eine Frisur wie seine … ein Lachen wie seins … die Sneakers, die er trägt. Scheiße. Und jetzt schlich er sich schon wieder in meine Fantasie, mit seinen großen Händen, seinen geschickten Fingern.

Als Prof. H., dessen Schweißflecken sich mittlerweile vom Hemdkragen bis zum Bauchnabel ausgebreitet hatten, uns endlich ins Wochenende entließ, stopfte ich hastig meine mit Ornamenten bekritzelten Blätter in die bereits fertig gepackte Badetasche, schob mir meine Ray-Ban auf die Nase, zupfte beim Aufstehen den klebrigen Stoff meines Kleides vom Po und wischte mit dem Handrücken verstohlen über den feuchten Fleck, den meine schweißigen Schenkel auf dem Stuhl hinterlassen hatten.

Und jetzt ab an die Alster. Allein! Ohne ihn!

Auch dort würden viele Menschen sein, aber immer noch besser als das ölige Pisswasser und das große Schaulaufen kurioser Sonnenbrände im überfüllten Kaifu-Bad.

Auf den großen Wiesen hatten sich Studentengrüppchen versammelt: lernend, lesend, quatschend. Vereinzelte Jogger, die den Hitzetod riskierten, Hunde, die träge geworfenen Stöckchen und Bällen hinterherhechelten. Babys auf Krabbeldecken, Schlangen vor dem Eiswagen, Trauerweiden, die ihre Äste erschöpft bis auf die ausgedörrte Wiese hängen ließen.

Hoffentlich war sie noch nicht besetzt. Meine Weide. Meine Höhle. Vorsichtig teilte ich die Zweige des massigen Baumes. Glück gehabt! Keiner war dort. Ich schlüpfte unter das schattige Weidendach. Die Zweige schlossen sich wie ein schwerer Vorhang hinter mir. Ich breitete mein Handtuch aus und ließ mich bäuchlings auf die kühle Erde sinken. Ganz allein. Nur ich. Die Nähe der Menschen, die ich hören konnte, vor deren Blicken ich trotzdem sicher war, und das wohlig schwere Gefühl meines erhitzten Körpers verursachten ein leichtes Kribbeln zwischen meinen Beinen. Wie angenehm die Luft hier war, wie gut der Baum duftete. Durch das Handtuch spürte ich die unebene Erde, kleine Wurzeln und Moos. Es fühlte sich gut an, wenn ich meine Oberschenkel bewegte, wenn ich sie aneinander rieb, wenn ich meinen Unterleib ein wenig in den Boden drückte, mich an der harten Erde rieb.

Ich überlegte, ob ich meine Hand in mein Höschen schieben sollte. Ein bisschen träumen, ein bisschen fantasieren? Ich war schon ganz feucht. Die Äste raschelten leise. Der Wind streichelte über die nackten Rückseiten meiner Oberschenkel.

»Ich hab dich auf dem Campus gesehen.«

Mein Herz zog sich erschrocken zusammen. Mein Gott, wie kam der denn hierher?

»Bin dir nach. Darf ich reinkommen?«

Schnelles Aufsetzen. Hastiges Zurechtfummeln des Kleides. Schweiß von der Stirn wischen. Räuspern.

»Äh. Klar.«

Wie selbstverständlich ließ er sich neben mich auf das Handtuch plumpsen. Er nahm die Kappe vom Kopf und wischte sich den Schweiß mit dem T-Shirt vom Gesicht, wobei der dünne Streifen dunkler Haare sichtbar wurde, der an seinem Bauchnabel begann und breiter werdend im Bund seiner unverschämt tief sitzenden Shorts verschwand.

»Schön, dich zu sehen. Siehst gut aus.«

Mein Herz klopfte so laut, dass ich befürchtete, er könnte es hören. Es pulsierte in meinen Schläfen, in meinen Händen, in meinem Schoß. Hatte er gesehen, wie ich mich gerieben hatte?

»Darf ich mitmachen?«

Oh Gott, er hatte es gesehen!

Sein Gesicht war plötzlich ganz nah. Ich konnte die winzigen Schweißtröpfchen über seiner Oberlippe sehen, konnte ihn riechen, seinen Atem spüren.

Na gut. Nur dieses eine Mal noch. Noch diesen Kuss. Noch diesen Moment. Noch diesen Augenblick.

Sein Blick wanderte zu meinen harten kleinen Brustwarzen, die sich längst deutlich unter meinem Kleid abzeichneten.

»Die sind sowieso nur für meine Hände gemacht.«

Ganz leicht streifte er meine Nippel mit seinen Handflächen. Ich antwortete mit einem tiefen Atemzug und biss mir fest auf die Unterlippe.

Küss mich. Küss mich endlich, du Arsch.

Aber er küsste mich nicht. Wortlos nahm er mein Gesicht in seine Hände und lehnte sich mit dem Rücken an den dicken Baumstamm. Er drückte meinen Kopf nach unten. Ich leistete keinen Widerstand. Er wusste, dass ich scharf war. Mein glasiger Blick entlarvte mich wohl.

Ich spürte seinen Schwanz durch den Stoff seiner Shorts an meinem Gesicht.

»Es gibt Eis am Stil, Süße. Hol es raus.«

Nicht weit von uns lachte ein Mädchen. Ein Herrchen rief nach seinem Hund, der seine Schnauze in unser Weidenzelt gesteckt hatte. Scheiß auf die Menschen, scheiß auf Morgen. Ich wollte es. Ich wollte ihn.

Ich zog ihm seine Shorts aus. Und dann widmete ich mich seinem Schwanz. Erst saugte ich zaghaft, dann immer mutiger.

Seine Hände hielten unnachgiebig meinen Kopf. Ich spielte mit der Zunge an seiner Eichel, glitt mit meinen Lippen vorsichtig über seinen Schaft, wollte ihn reizen. Doch er wollte offensichtlich mehr. Wollte ganz in meinem Mund versinken. Er griff fester in mein Haar, stieß sachte und doch gierig zu.

Zu schnell, das ging zu schnell! Stopp! Mit den Zähnen zwang ich seinen Schwanz zum Rückzug. *Ich will dich genießen. Will dich lange.* Ich genoss seinen Duft. So heiß, so vertraut.

»Geh und hol uns ein großes Eis«, stöhnte er.

»Was?«

»Ein Eis, los, geh schon. Mit meinem Ständer kann ich nicht.«

Auf dem kurzen Weg zum Eiswagen glaubte ich, meine Brust würde vor Herzklopfen zerspringen. Ich hoffte, dass keiner den feuchten Fleck auf meinem Kleid bemerkte. Mein Gott, ich hatte seinen Schwanz mitten im Park gelutscht!

»Drei Kugeln Zitrone in der Waffel.«

»Alles klar bei Ihnen?«

»Oh ja, bestens, machen Sie einfach nur schnell.«

Als ich in unser Weidenzelt zurückkehrte, sah mich Felix herausfordernd an: »Und jetzt leg dich hin und mach die Beine breit.«

Ich tat, was er sagte und versteckte mein Gesicht unter meinem angewinkelten Unterarm. Dann öffnete ich meine zitternden Schenkel.

Er zog mir meinen Slip über die Knie. Sein Mund war so nah, dass ich die Wärme seines Atems auf der Haut spürte. Er atmete. Einmal. Zweimal. Dreimal. Viermal. Mit geöffneten Augen vergrub er sein Gesicht zwischen meinen Beinen und schenkte mir endlich seine Zunge. Vorsichtig forschend fuhr sie die Innenseiten meiner Schenkel entlang. Ich schloss die Augen, spannte meinen Körper an. Meine Gefühle waren so widersprüchlich. Einerseits wollte ich mich ihm völlig hingeben, andererseits wollte ich mich von der Inbesitznahme meines Körpers und meines Geistes befreien. Ich hielt den Atem an.

Und dann drang seine Zunge in mich ein. Satt und weich tauchte er sie in meine feuchte Spalte. Ich taumelte, ich fiel, ich flog. Nein, ich fiel. Immer tiefer. In meine ureigene, bodenlose Tiefe, aus der sich plötzlich ein kehliges, durstiges Stöhnen erhob. Wie die schweren Seiten eines Buches fielen meine angewinkelten Oberschenkel auseinander und entspannten sich.

Ganz langsam erforschte er meine geheimsten Ritzen.

Und dann war es plötzlich kalt. Das Eis! Er drückte die volle Eistüte mit den halbgeschmolzenen Kugeln gegen meinen Schritt. Die tropfende, süße Eiscreme zerfloss zwischen meinen Schamlippen und schien auf meinem glühend heißen Kitzler zu verdampfen.

»Iss mich, trink mich.« Ich schob mein Becken seinem Gesicht entgegen, drückte meine erdbeerrote Klit an seine Lippen, die nun energisch an ihr saugten. Immer wieder schmierte er mich mit Eis voll, um es gleich danach wieder abzulecken. Meine Muschi wurde immer nasser, seine Zunge drang immer tiefer in mich ein.

»Los, dreh dich um.« Mit seinen kräftigen Händen umfasste er meine Hüften und drehte mich auf den Bauch. Wehrlos vergrub ich mein Gesicht im Handtuch, während sich seine Zunge nun noch gieriger an meiner Spalte zu schaffen machte. Hart, wie ein kleiner Schwanz, stieß sie zu. Immer wieder, während seine Nasenspitze ganz leicht meine Rosette massierte. Ich hatte das Gefühl, überlaufen zu müssen, eine Fontäne Lust in seinen Mund zu spritzen.

»Trink mich leer, saug mich auf!«

Doch dann hielt er inne und richtete sich stöhnend und nach Atem ringend auf.

»Nein, bleib bei mir. Hör nicht auf!« Flehend streckte ich meinen Po in die Luft.

»Sag es mir. Sag mir, was du willst!«

»Deinen Mund, deinen Schwanz, deine Finger! Egal! Nur fick mich!«

Seine Hand berührte meinen Kitzler, mit Daumen und Zeigefinger drückte er sanft zu. »Sag es noch einmal.«

»Fick mich!«

Endlich stieß er zu. Immer wieder, immer heftiger. Ich hob mein Becken an, wollte ihn noch tiefer, noch schneller.

Ich wollte schreien, biss mir aber dämpfend in die Hand.

Immer heftiger klatschte sein Unterleib gegen meinen. Und plötzlich kam es mir, wie es mir noch nie im Leben gekommen war. Ein buntes Taumeln, eine fast schmerzhafte Welle der Lust, eine ungekannte Leichtigkeit und Schwere zugleich.

Mit einem bestimmenden Ruck drehte er meinen zittrigen, verschwitzten Körper auf den Rücken, legte meine erschlafften Beine auf seinen Schultern ab und stieß noch einmal heftig zu. Noch einmal und noch einmal. Ein allerletztes Mal drang er in mich ein. Er zuckte und rief meinen Namen. Ich umarmte seinen mit Schweißperlen benetzten Oberkörper. Ich hielt ihn ganz fest, damit er nicht verloren ging, sich nicht zu schnell in Luft auflöste.

Und dann spürte ich, wie er in mir kam. Ich spürte seinen warmen Samen. Seine Muskeln entspannten sich, und er sank schwer und heiß auf mir nieder. Erst jetzt bemerkte ich, dass sein Gesicht tränennass war. Zärtlich fuhr ich mit meinen Fingern über seine geschlossenen Lider und seine geröteten Wangen. Mein unersättlicher Liebhaber. An meinen Händen vermischte sich mein Duft mit seinem. An seinem Mund schmeckte ich mich selbst.

»Nein, zieh ihn nicht raus. Bleib noch ein bisschen bei mir. In mir.«

»Sorry, aber ich muss.« Er wälzte sich erschöpft in den Sand, fischte nach seinen Shorts. Er sah mich nicht mal an.

Scheißkerl. Ich wusste es. Ich zupfte resigniert mein Kleid zurecht und glaubte, mein Herz zerspringen zu hören.

Na los, verpiss dich schon. Lass mich allein mit deinen Wichsflecken auf meinem Handtuch.

Er teilte den schweren Weidenvorhang und blinzelte in das gleißende Licht. »Ich könnte heute Abend zu dir kommen, wenn du magst. Ich könnte was vom Japaner mitbringen.«

Bumm-bumm, Bumm-bumm. Mein Herz pochte. Ich biss mir auf die Lippen und versuchte, nicht wie ein verliebter Teenager zu grinsen.

»Japaner? Gerne. Aber vergiss den Nachtisch nicht!«

Kinderlachen, Hundegebell. Ich blinzelte durch die Baumkrone in den ausgeblichenen Frühlingshimmel. Viel zu heiß für Mitte Mai. Die Luft war drückend. Es war schwül, schwelend, brennend, glühend, siedend.

Die 25. Geschichte vom besten Sex

WEIT WEG

Lena (23), Studentin, Köln
über
Matthias (24), Student, Köln

Wieder einmal ging ich in Gedanken den Kalender durch, zählte die Tage bis wir uns wiedersehen würden. Nein, um ehrlich zu sein, ich zählte die Nächte. Die Nächte, die ich noch alleine verbringen musste. In meinem Bett, das mir jede Nacht größer und leerer vorkam.

Ich schüttelte kurz den Kopf, um mich aus meiner Versunkenheit zu befreien und mich wieder auf die Arbeit konzentrieren zu können.

Matthias war nun schon seit anderthalb Monaten in Boston. 6084 Kilometer trennten uns. Die Entfernung googelte ich immer und immer wieder, um mich noch ein bisschen mehr in meiner Not zu suhlen. Ja, zugegeben, ich leide manchmal gern. Aber so lange war ich noch nie von meinem Freund getrennt gewesen und das bitterzarte Selbstmitleid verwandelte sich mehr und mehr in echte Schmerzen.

Matthias absolvierte ein Auslandssemester. Er wolle nur lernen und seinen Lebenslauf aufhübschen, schwor er mir immer wieder. Aber durch meine überaus eifersüchtigen Hirnwindungen jagten Fragen wie: Wen trifft er dort? Ob es wohl viele hübsche Mädchen in Boston gibt? Oder nur dicke, fette Amerikanerinnen? Ich entschied mich für die zweite Option und versuchte, mich damit durch den Tag zu retten.

Es war Freitag und ein ziemlich ödes, liebeskrankes Wochenende lag vor mir. Alle meine Freundinnen waren weg oder mit
ihren Freunden verabredet. Ein Punkt mehr auf meiner Selbst-
mitleidsskala.

Ich saß in der Straßenbahn und starrte lustlos aus dem Fenster.
Das Wetter passte zu meiner Stimmung: Regen und teergrauer
Himmel. Um mich wenigstens ein bisschen aufzumuntern, gönn-
te ich mir eine Pizza und eine Flasche Weißwein von meinem
Lieblingsitaliener. »Zum Mitnehmen, bitte.«

Eine Stunde später saß ich Pizza kauend vor dem Fernseher.
Ich zappte gelangweilt durch die Programme. Eins, zwei, drei,
zwölf, vierundzwanzig, eins. Eine Reportage weckte plötzlich
meine Aufmerksamkeit und ließ mich kurz vergessen, wie bemit-
leidenswert ich war. Es ging um die Herbertstraße in Hamburg
und deren Gesichter. Ich lauschte den Geschichten der Prostitu-
ierten und versuchte mir vorzustellen, wie es war, für Geld mit
fremden Männern zu schlafen. Irgendwann fingen die Geschichten an, mich anzutörnen. Die Frauen waren allesamt bildhübsch
und sprachen unheimlich offen über ihren Beruf. *Hm, Sex. Sex!*
Die haben Sex und ich nicht! schoss es mir durch den Kopf. Seit
fast zwei Monaten hatte ich keinen Sex mehr gehabt. Die ersten
Wochen hatte ich es mir noch oft selbst gemacht, doch auch
das verlor irgendwann seinen Reiz. Ich gönnte mir sogar einen
neuen Vibrator – den berühmten Rabbit aus *Sex and the City*.
Doch auch der konnte meine Lust nicht lange über seine wahre
Identität täuschen. Am Ende war er kein guter Matthias-Ersatz,
sondern nur ein batteriebetriebener Silikonstab.

Der Rest der Weinflasche und die Reportage über die Herbertstraße brachten mich auf eine Idee. Ich durchstöberte meinen
Kleiderschrank und fand, was ich suchte: die neuen Dessous, die
ich mir für die Verabschiedung von Matthias gegönnt hatte! Ich
pustete den imaginären Staub von der Tüte und griff voller Vor-

freude hinein. Als ich meinen verschossenen, braunen Jogginganzug in die Ecke gepfeffert und gegen den neuen Body getauscht hatte und nun mein neues Ich im Spiegel betrachtete, wusste ich wieder, warum ich mich gerade für dieses Teil entschieden hatte. Es war nachtschwarz und aus durchsichtiger Spitze. Durch die textilen Blütenranken schimmerten meine harten Brustwarzen. Ich drehte mich hin und her – und fand: Irgendwas fehlte! Barfüßig wirkte mein neuer Erotik-Gedächtnis-Look wie gewollt und nicht gekonnt. Ich lief in den Flur und griff mir ein paar samtene High Heels. Ich betrachtete mich erneut im Spiegel und versuchte ein paar richtig verruchte Posen. Dann schnappte ich mir meine Kamera und postierte sie auf dem Kleiderschrank hinter mir. Ich aktivierte den Selbstauslöser – drei, zwei, eins, klick! – und fotografierte mich selbst. Beim ersten Anblick der Fotos lief ich rot an. Peinlich! Aber ich hatte ja einen Plan und machte diszipliniert und – zugegeben – leicht beschwipst weiter. Nach und nach gewöhnte ich mich an meinen eigenen Anblick und bekam immer mehr Lust auf neue Posen. *Wow!*, dachte ich, als ich die letzten Versuche sah. Gar nicht so übel. Die musste ich unbedingt Matthias zeigen, wenn er wieder zurück war. Aber warum eigentlich erst dann? Ich konnte sie ihm doch heute schon schicken? Der Gedanke daran war mir erst jetzt gekommen. Voller Vorfreude fuhr ich meinen PC hoch, kopierte die Bilder in den Ordner »Für Matthias« und loggte mich in mein E-Mail-Programm ein.

Ich starrte geschätzte fünf Minuten auf den Monitor, bis ich endlich wusste, was ich ihm dazu schreiben sollte: nichts! Ich hängte die Bilder an und klickte auf *Senden*.

Mein Herz raste, aber ich riss mich zusammen, kuschelte mich zufrieden ins Bett und schloss die Augen.

»This morning my man introduced me to some good extra loving …«, mein Handyklingelton riss mich aus dem Schlaf. *Unverschämtheit!*, fluchte ich in mich hinein. Wer rief mich denn nur mitten in der Nacht an? Schlaftrunken griff ich nach meinem Handy und meldete mich mit einem entnervten »Hallo?«

»Hi Baby! Hab ich dich geweckt?«

Ich brauchte ein paar Sekunden, bis ich Matthias' Stimme erkannte. Mein Herz raste, als mir dämmerte, warum er mich ausgerechnet jetzt anrief.

»Hey! Du bist es! Was machst du? Wie geht's dir! Schaaaatz!«

Ich konnte meine Freude, ihn zu hören, nicht vertuschen.

»Du bist eine! Oh Mann! Ich hab vorhin deine Bilder gesehen. Wow! Die sind unglaublich.«

An Matthias' Tonfall erkannte ich, dass ich wohl nicht die Einzige war, die sich ein paar Schlucke Hochprozentiges genehmigt hatte. Es störte mich nicht. Im Gegenteil. Denn wie hieß es noch: Kinder und Betrunkene sagen die Wahrheit! Wenn Matthias betrunken-ehrlich war, säuselte er förmlich vor sich hin und überhäufte mich mit Komplimenten. Er sprach dann, ganz Männer-untypisch, aus seinem Herzen. Heute aber, das merkte ich gleich, meldete sich ein anderes Körperteil zu Wort …

»Deine Bilder, die sind der Wahnsinn. Ich mein, ich weiß ja, dass du gut aussiehst, aber diese Bilder… ganz ehrlich, ich musste mir aus Reflex sofort in die Hose gehen. Ich hab echt 'nen Ständer bekommen. Zum Glück war ich zu Hause!«

Ich lachte in mich hinein. Anscheinend hatte ich genau das erreicht, was ich wollte.

»Ich konnte nur noch an dich denken, an deinen Körper, an deine Muschi. Ich bin so unglaublich heiß auf dich. Das geht eigentlich gar nicht. Ich will dich spüren und schmecken.«

Seine Ehrlichkeit schockierte mich irgendwie. Aber was er sagte, gefiel mir und ich ließ mich darauf ein.

»Ich vermisse dich auch furchtbar«, sagte ich. »Ich bin so untersext. Das kannst du dir nicht vorstellen. Mein ganzer Körper sehnt sich nach dir.«

»Das verstehe ich, Babe. Ich will dich auch berühren. Ich will deinen nackten Körper auf mir spüren. Deine Brüste ... hmmm. Ich will an deinen Nippeln lecken, mit ihnen spielen, deine Brüste kneten. Deine Brüste sind so ... so geil. Ich zieh ganz langsam dein Höschen aus und spüre die Hitze, die sich zwischen deinen Beinen breitgemacht hat. Und dann küsse ich dich auf den Mund, schiebe meine Zunge hinein und spiele mit deiner Zunge. Deine Lippen, die sind so weich und warm. Ich weiß nicht, so durchblutet irgendwie. Einfach nur sexy.«

»Hmmm, Schatz. Du bist so weit weg. Sooo weit.«

»Nein, ich bin bei dir, in deinem Bett. Unter deiner Decke. Ich berühre dich, streichle deine zarte Haut. Ich küsse deine Brüste, lecke deine Nippel und umkreise sie mit meiner Zunge. Immer schneller und schneller. Dann küsse ich deinen Bauch, deinen Bauchnabel.«

Ich schloss die Augen und genoss Matthias' Worte. Ich war zu erregt, um zu bemerken, dass meine Hände inzwischen überall auf meinem Körper waren.

»Ich bin so scharf auf dich. Mein Schwanz ist so unglaublich hart. Wenn ich daran denke, wie meine Küsse zu deiner Möse hinunter wandern ... zu deiner heißesten Stelle. Aber ich lass mir Zeit und küsse deine Schenkel, beiße ganz sanft hinein.«

»Mmmmh.« Ich stöhnte auf. Matthias Worte machten mich an. Es war, als wäre er wirklich hier. Unter meiner Decke.

»Und dann spiele ich mit deinen Schamlippen. Und bei dem Gedanken, dass ich so nah an deiner Muschi bin, wird mein Schwanz noch härter. Du schmeckst so gut! Hmmm. Ich will deine Möse. Jetzt. Meine Zunge umkreist deine inneren Schamlippen und dann die Stelle, von der wir beiden wissen, wie sehr du es dort magst. Und du bist so unglaublich feucht.«

»Matthias, wenn du wüsstest, wie feucht ich gerade wirklich bin. Du machst mich total an.«

»Ich will, dass du dich berührst, ja? Ich will dich stöhnen hören.«

»Oh Gott ... ahhh.« Ich stöhnte. Der Gedanke an Matthias' Zunge in meiner Muschi machte mich rasend. Ich liebte es, wenn er es mir auf diese Art besorgte, meinen Kitzler massierte, mit seiner Zungenspitze in mich eindrang, sie langsam wieder herauszog und dann mit meiner und seiner Feuchtigkeit über meine Klit fuhr.

»Jetzt lecke ich deinen Kitzler, umkreise ihn mit meiner Zunge. Ich schmecke und spüre, dass du immer erregter wirst. Dein Körper fängt an, vor Verlangen zu zucken.«

Mir war schwindelig vor Geilheit. Aber ich wollte von unserem Spiel nicht alleine profitieren. Ich wollte, dass Matthias auch etwas davon hatte.

»Sag mir, wie hart dein Schwanz ist! Ich will ihn anfassen. Festhalten.«

»Ich bin total hart. Ich lieg auf meinem Bett, nackt. Und mein Schwanz ist angeschwollen. Wenn ich ihn jetzt anfasse und an deine Muschi denke, kommt es mir fast.«

Matthias' Stöhnen brachte mich fast um den Verstand.

»Ich fasse mich gerade selbst an, ich stecke zwei Finger in meine Möse. Und sie ist so nass.«

»Der Gedanke, dass du dich selbst berührst ... Oh Gott. Ich stell mir vor, wie ich jetzt deinen Po und dein Becken umfasse und dich zu mir ziehe. Jetzt besorg ich's dir mit meiner Schwanzspitze!«

Ich konnte einfach nicht mehr an mich halten. Ich stöhnte laut auf und kam so unglaublich heftig, dass mir fast das Handy aus der Hand fiel. Am anderen Ende der Leitung hörte ich Matthias aufstöhnen. Wir keuchten beide ins Telefon und sagten eine ganze Weile nichts. Erst nach ein paar Sekunden meldete sich Matthias wieder zu Wort:

»Das war unglaublich.«

»Find ich auch«, antwortete ich immer noch ein bisschen benommen. Dann mussten wir lachen.

»Wir schaffen's sogar, Sex zu haben, wenn wir tausende Kilometer voneinander entfernt sind …«

»Was meinst du, wie es erst wird, wenn du wieder bei mir bist?«

Mit diesem Gedanken verabschiedete ich mich von Matthias, stellte mir vor, dass er sich von hinten an mich schmiegt und schlief mit einem Lächeln auf den Lippen ein.

Die 26. Geschichte vom besten Sex

FRÜHSTÜCK

Jane (26), Managerin, Berlin
über
Paul (32), Glaser, Chemnitz

Eigentlich mag ich Oralsex am liebsten«, sagte er eines Tages. Mit so viel Offenheit hatte ich so früh am Morgen nicht gerechnet. Nach einer heißen Nacht lagen wir noch kuschelnd im Bett. Er grinste mich frech an. Ich wusste sofort, was los war. Er hatte Lust. Und ich, zugegeben, auch.

Er schob seine Hand zwischen meine Beine. Ganz langsam. Und ich öffnete sie ein wenig. Er ließ sie einfach zwischen meinen Beinen liegen und sah mir in die Augen.

»Ich weiß, dass du Lust hast. Darf ich? Ich will dich kosten.« Da wir noch nicht lange ein Paar waren, kamen unsere Vorlieben erst nach und nach ans Licht. Bisher hatten wir nur Blümchensex ohne Blümchen gehabt. Intensiv, aber nichts Besonderes. Für mehr war alles einfach zu neu.

An diesem Morgen schien das Eis gebrochen zu sein. Ich wollte mehr. Ich wollte wissen, wie es ist, seine Zunge zwischen meinen Beinen zu spüren, wollte, dass er mich ausgiebig verwöhnt. Ich wollte von ihm geleckt werden. Also sagte ich einfach und dennoch wirkungsvoll: »Guten Appetit!«

Er küsste mich kurz und intensiv. Dann tauchte er ab. Mit seinen Händen öffnete er gefühlvoll, aber bestimmt, meine Beine. Sein Kopf lag auf meinem Oberschenkel. Er begann, mich zu massieren. Erst ganz sanft, dann wurde er heftiger. Sein Daumen berührte vorsichtig meine Klitoris. Ich stöhnte leise und schloss die Augen. Ich genoss es einfach, genoss seine Finger und spürte, dass ich immer feuchter wurde. Er spielte mit mir und er beherrschte dieses Spiel sehr gut. Seine Berührungen saßen. Ich konnte nichts mehr denken. Es schien, als hätte sich mein Hirn einfach abgeschaltet.

Ich wollte auch nicht mehr denken. Ich wollte fühlen.

Dann kam er zur Sache. Er bewegte seinen Kopf langsam ein Stück höher. Seine Zunge glitt über meine Schenkel immer weiter auf meine heiße und nasse Spalte zu.

Seine Hand, die immer noch feucht von meinem Saft war, streichelte nun meine Schenkel. Er war angekommen. Seine Zunge begann, auf Entdeckungsreise zu gehen.

Sie umkreiste langsam die äußeren Schamlippen. Ich spürte eine innere Hitze aufsteigen, die immer intensiver zu werden schien.

Er begann weiter nach innen zu wandern. Als er meinen Spalt erreichte und kurz meinen Kitzler streifte, zuckte ich zusammen. Ich ließ mich ganz auf ihn ein. Konnte mich nicht mehr wehren. Wollte mich auch nicht wehren. Das Gefühl, das eine so sensible Zunge zwischen meinen Beinen auslöste, hatte ich ewig nicht mehr erlebt. Mir war, als erlebte ich es gerade zum ersten Mal.

Er begann, langsam um meinen Kitzler zu kreisen. Seine Zunge war warm und weich.

Es gab mir ein Gefühl der Sicherheit. Ich konnte nicht anders. Ich musste erneut leise aufstöhnen. Er wurde schneller. Ich musste mich am Bettlaken festkrallen, um meinen Körper überhaupt noch kontrollieren zu können. Ich wollte noch nicht, dass er seinen Kopf wegnahm. Ich wollte, dass er weiter machte, dass er seine Zunge weiter kreisen ließe. Genauso intensiv, wie er es bis jetzt getan hatte. Da hob er den Kopf und sah mich an. Ich öffnete meine Augen, weil ich neugierig auf sein Gesicht war. Ich sah, dass er um seinen Mund einen feuchten Rand hatte. Ich war zufrieden. Genau das war es, was ich wollte. Er sollte mich schmecken, mich frühstücken. »Bist du etwa schon satt?« fragte ich ihn. Er grinste nur und ließ seine Zunge durch meine Schamlippen gleiten, ganz langsam und tief.

Ich spreizte meine Beine so weit, wie ich nur konnte. Ich bot mich ihm an. Er fuhr tiefer in meine Spalte, leckte sie richtig aus, gierig nach meinem Saft. Ich konnte mich nicht mehr bremsen und begann, mich unter seinen Bewegungen zu winden. Ich schob ihm mein Becken entgegen. Ich wollte ihn tiefer in mir, wollte seine Zunge so tief wie nur irgend möglich in mir spüren.

Auch mein Stöhnen wurde lauter. Ja, ich schrie schon fast. Ich wusste, dass es nur noch Sekunden waren, bis ich meinen Höhepunkt erreicht hatte. Ich konnte fühlen, wie ein Kribbeln in mir aufstieg. Konnte spüren, wie es mir langsam kam. Er schien auch zu merken, was in mir vorging und intensivierte seine Zungenschläge. Dann nahm er auch seine Finger zu Hilfe. Sanft, aber mit ein wenig Druck, rieb er meinen Kitzler. Das war es. Ich kam innerhalb von Sekunden. Es kam mir vor, als würde Strom durch meinen Körper fließen. Jeder einzelne meiner Muskeln begann zu zucken. Das war das intensivste Gefühl, das ich je hatte, der beste Orgasmus, den ich je erlebte. Ich hatte alles um mich herum vergessen. Die Welt existierte nicht. Es gab nur noch mich und den Strom.

Als ich wieder zu mir kam, hatte er sich schon aufgerichtet und sah zu mir hoch. Ich lächelte nur und streckte meine Arme nach ihm aus. Ich wollte ihn einfach halten, ihn ganz fest an mich drücken. Er legte sich auf meine Brust und ich umschloss ihn fest.

Ich zuckte immer noch ein wenig. Der Strom war immer noch in mir und seine Nachwirkungen spürte ich noch eine ganze Weile.

Nach einiger Zeit erhob sich Matthias und lächelte mich an. Er küsste mich. Ich konnte immer noch meinen Saft an ihm schmecken. Er war lecker. So ein Frühstück hatte ich schon lange nicht mehr erlebt. Genau genommen noch nie.

Dann stand er auf und sah mich mit fragendem Blick an. Ich wusste, was ihm auf der Seele brannte. Weil es unser »erstes Mal« war, wollte er wissen, ob ich es genossen habe. Auch wenn er die Fragen nicht aussprach, konnte ich an seinen Augen ablesen, dass er neugierig war. Ich lächelte zufrieden und er wusste, dass es gut war, dass er gut war.

Die 27. Geschichte vom besten Sex

DREI GENTLEMEN

Mila (35), Journalistin, Hamburg
über
drei Gentlemen

Es war spät, ich war müde und ich hatte zu viel getrunken. Champagner zwar, aber eben zu viel. Jetzt musste ich bloß möglichst unfallfrei die Hotelhalle durchqueren. Den Typen an der Rezeption hoch erhobenen Hauptes ansehen und dabei nicht stolpern. Ab in den Fahrstuhl. Zweiter Stock. Raus aus den Klamotten und Schluss-Sprung in das wunderbare, frisch bezogene Daunenbett. In die vielen knisternden Kissen gekuschelt freute ich mich auf den heilsamen Schlaf, der mich hoffentlich noch vor den Kopfschmerzen ereilen würde.

Viel lauter als das Summen in meinen Zellen hörte ich aber plötzlich laute Bässe, die vom Nebenzimmer herüberschallten. Nein. Nicht jetzt! Ruckartig schnellte mein Puls in schwindelnde Höhen und ließ mich aufspringen. Ohne zu überlegen, stand ich, nur in einen Bademantel gehüllt, mit ebenso wütendem wie müdem Gesicht vor der Nachbartür. Während ich mit Nachdruck klopfte, überlegte ich noch kurz, dass diese Reaktion eigentlich gar nicht zu mir passte. Zu häufig war ich diejenige, die den Lärm machte. Egal, heute war es anders, die Party war vorbei. Ich hatte getanzt, gelacht, getrunken. Ein gelungener Abend. Ich wollte schlafen.

Hätte ich gewusst, dass sich in wenigen Minuten meine kühnste Fantasie erfüllen würde, ich wäre davongelaufen, weil mich die Courage verlassen hätte, wie immer, wenn es spannend wird. Ich verbat mir in der Realität stets das, was ich mir in meiner Fantasie nur zu gern erlaubte.

Die Tür wurde aufgerissen, vor mir stand ein gut aussehender Typ und strahlte mich an.

»Die Musik«, sagte ich. »Sie ist laut. Es ist fünf Uhr morgens!« Ich versuchte, einen Respekt einflößenden Blick aufzulegen.

Er lächelte frech, sagte: »Sorry, wir haben hier eine kleine Party«, und erlaubte mir einen Blick in den Raum. Vor dem Schreibtisch, auf dem Whiskey-, Wodka- und andere Flaschen standen, sah ich zwei weitere Männer. Sie hielten einen Drink in der Hand und grinsten mich betreten an. Bevor ich einen klareren Gedanken fassen konnte, reagierte mein Körper schon und sendete ein Lächeln, das meine völlig verbotenen und in Anbetracht der Situation äußerst ungewöhnlichen Gedanken widerspiegelte. »Gott, bin ich geil …«, war das Einzige, was in meinem wirren Kopf klar aufleuchtete und für heiße Schauer weiter südlich sorgte.

Hallo? Geht's noch? Was war denn mit mir los?

»Nimm doch einen Drink mit uns«, reagierte der smarte Typ.

Hilfe! Wenigstens war mein Über-Ich noch so präsent, dass ich den Anstand aufbrachte, mich zu zieren. »Ich soll allein zu euch dreien ins Hotelzimmer kommen?«, nuschelte ich verlegen.

»Ich werde dich beschützen«, sagte er und nahm meine Hand. »Lass mich dein Bodyguard sein.« Schon stand ich im Zimmer. Als der Champagnerkorken ploppte, saß ich bereits auf dem Bett und beäugte die Jungs. Sie waren zwischen dreißig und vierzig, wirkten sehr gepflegt und waren äußerst höflich. Ob ich nicht kurz in mein Zimmer gehen wolle, mir etwas anziehen, damit ich mich wohler fühlte, fragten sie. Erst jetzt wurde mir meine Nacktheit unter dem Bademantel bewusst und der Eindruck, den mein Auftritt erwecken mochte. Aber das Teufelchen, das meine Gedanken und Gefühle anscheinend seit Minuten voll im Griff hatte, ließ sich munter feiern. Ich traute meinen Ohren kaum, als ich mich leise sagen hörte: »Was ist mit Sex?«

Die Überraschung in ihren Gesichtern hätte größer nicht sein können.

»Ich meine, was für eine Art Party soll denn das hier sein? Wo bleibt der Spaß?«

Sie waren zu gut erzogen, um zu reagieren, strahlten mich bloß ungläubig an. Als ich mich nach hinten auf das Bett sinken ließ und der Bademantel den Blick auf meinen Körper freigab, sagte einer: »Dich hat der Himmel an unsere Tür klopfen lassen.«

Die Hände, die meinen Körper daraufhin erkundeten, waren höflich, respektvoll, liebkosend, erregend – und wussten genau, was sie taten. Ich konnte nicht fassen, was mir geschah. Wie eine Königin wand ich mich auf knisternden Laken unter den bewundernden Händen dreier Männer und genoss meine Geilheit in vollen Zügen.

Wie wunderbar entspannt alles war! Keiner der Jungs wurde hektisch, drängelte oder machte Anstalten sich auszuziehen, weshalb ich mich völlig angstfrei gebärdete. »Jetzt habt ihr alles von mir gesehen – warum darf ich nichts von euch sehen?«, fragte ich kokett und wunderte mich über mich selbst. Es war klar, das nur passierte, was ich erlaubte. Sie ließen die Hosen runter, die Höflichkeit verbot ihnen aber, ihre Schwänze in die Hand zu nehmen. Ich tat es für sie.

In Abständen von Minuten meldete sich mein Gewissen: *Bist du wahnsinnig?*, rief es immer wieder, *weißt du was dir passieren kann?* Aber irgendwie fühlte ich mich in Sicherheit. Das hier war zu gut. Dies war mein Moment. So kostbar und surreal, dass keiner von ihnen ihn zerstören würde. Niemand würde mich zum Äußersten zwingen. Außerdem nahm mein Bodyguard seinen Job sehr ernst. Als einer einen Fotoapparat herausholte, legte er sein Veto ein. »Diskretion! Okay?«, verbot mein Ritter.

»Egal, ist doch geil«, lechzte ich, teuflisch außer mir und gleichzeitig verwundert. War ich das? Wie würde ich morgen darüber denken?

»Okay, ein Foto, aber ohne dein wunderschönes Gesicht«, intervenierte mein Held.

Wie herrlich, wie geil war das bitte? Wir waren vier Körper, die sich Gutes taten. Wir fanden uns unter der Dusche wieder, auf dem Schreibtisch, lagen verschlungen auf dem Bett – offenen Auges, immer diesen freudig überraschten Blick austauschend. Sie leckten Champagner von meinem Körper, drehten und wendeten mich, sahen, fühlten, genossen alles, was sie geboten bekamen, und boten mir doch das meiste. Wir küssten, lutschten, streichelten, rieben, wechselten die Stellung – es gab weder Eitelkeit noch Eifersucht. Nur pure Freude über das Paralleluniversum, das uns Schicksal und Champagner beschert hatten.

So schnell wie es mich überkommen hatte, verließ es mich auch wieder. Der Blick auf die Uhr – 9 Uhr 30 – holte mich in die Realität zurück. »Mmmmhh, ich muss los«, sagte ich zwischen zwei Seufzern.

»Heirate mich«, sagte einer drei.

»Nein, sei wieder hier, nächstes Jahr zur gleichen Zeit«, widersprach ein anderer. »Ich gehe jetzt«, sagte ich, stand auf, griff meinen Bademantel und ging zurück in mein Zimmer. Es war Ruhe und ich schlief selig ein.

9 Uhr 30 klingelte der Wecker. Was für ein Traum!

Die 28. Geschichte vom besten Sex

WARMES BIER

Anna (28), Mediengestalterin Bild und Ton, Frankfurt am Main
über
Simon (29), Werbetexter, Offenbach

Noch ein Bier bitte«, sagte ich zu der Kellnerin und legte meine Füße auf den Stuhl vor mir. Ich saß schon eine halbe Stunde im fast noch leeren Biergarten und wartete.

»Das ist ja mal wieder typisch!«, dachte ich und erinnerte mich an all die Momente, in denen ich in der Vergangenheit auf meinen Ex-Freund Simon warten musste. Pünktlichkeit war absolut nicht seine Stärke. Und Geduld war nicht meine. Also war es im Prinzip nur eine Frage der Zeit gewesen, bis wir uns nach einem großen Streit trennten.

Das Ende unserer Beziehung war jetzt fast ein Jahr her. Trotzdem hatte Simon mich letzte Woche angerufen. Ob wir uns nicht mal wieder treffen sollten, fragte er mich, und ich sagte spontan zu.

Jetzt wartete ich also wieder mal auf ihn. Denn natürlich war er nicht pünktlich, sondern verspätete sich – wie immer. Mittlerweile machte mir das aber viel weniger aus als früher. Ich hatte mir eine Gelassenheit antrainiert, die wahrscheinlich auch daher rührte, dass ich nicht mehr mit ihm zusammen war. Stattdessen war ich jetzt mit Jan liiert. Der war eigentlich immer pünktlich. Aber trotzdem reizte mich die Möglichkeit, Simon wiederzusehen und Neuigkeiten mit ihm auszutauschen. Außerdem wollte ich testen, ob ich die Sache mit ihm wirklich verarbeitet oder mich übereilt in die nächste Beziehung gestürzt hatte. Eigentlich ging es mir gut. Aber nur eigentlich, denn bei Jan passte einfach alles, bis auf den Sex. Irgendwie fanden wir nie so zueinander, dass es fließen konnte. Obwohl wir schon eine Weile zusammen waren, hatte ich immer das Gefühl, dass der Sex bis auf wenige Ausnahmen verkrampft und angestrengt war. Keine guten Voraussetzungen für eine lange, glückliche Beziehung.

Bei Simon war das anders. Hier passte es auf Anhieb, und es passte bis zum Schluss. Wahrscheinlich war der Sex der einzige Kleber, der unsere Beziehung noch so lange zusammengehalten hatte. Wir konnten nie genug voneinander bekommen und fickten uns die Seele aus dem Leib. Ein Streit wurde mit Sex beendet – das war so sicher wie unsere Orgasmen. Bei Simon kam ich immer. Er hatte diese Fingertechnik, die mich in den Wahnsinn trieb. Wenn er mit einem Finger ganz leicht in mich eindrang und mit seiner Zunge meinen Kitzler liebkoste, konnte ich es einfach fließen lassen. Ich spürte die Erregung in mir aufsteigen und wusste, dass der Orgasmus von ganz allein kommen würde.

Ich nippte an meinem Bier, als ich über den Sex mit Simon nachdachte und konnte nicht verhindern, feucht zu werden. Ich versuchte, mich schnell mit einem weiteren Bier abzukühlen. Dann stand Simon vor mir: »Hey, Süße, komm her!«

Er umarmte mich fest und nahm dann meine Füße vom Stuhl, um sich selbst hinzusetzen.

»Entschuldige die Verspätung, du weißt ja …« Da saß er also wieder: Simon. Und wie gut er aussah! Unverschämt gut. Braun gebrannt, Jeans und T-Shirt. Als ich ihn so betrachtete, merkte ich, dass ich ihn doch etwas vermisst hatte. Die dunklen Haare, die sich immer widerspenstig im Nacken kräuselten, die kleine Narbe unterm Auge, die er schon seit der Kindheit hatte und die schönen Hände. Ich schluckte innerlich und begrüßte ihn:

»Hey Simon, ist schon okay. Das Bier geht dafür auf dich!« Ich lächelte.

»Geht klar«, sagte er und bestellte sich selbst eins. Und dann zu mir: »Schön, dich endlich mal wiederzusehen, du siehst großartig aus.«

»Danke, du siehst auch so erholt aus. Wie geht's dir denn?« fragte ich ihn.

»Ach, ich war gerade mal wieder mit meinen Jungs im Urlaub, machen wir ja jedes Jahr. War wirklich cool diesmal, und wir haben tatsächlich auch nicht jeden Tag gesoffen.« Er grinste.

»Und du? Was machst du? Bist du noch mit diesem Jan zusammen?«

Ich nickte und erzählte ihm von Jan, meiner Arbeit und dem, was ich in den letzten Monaten erlebt hatte. Er hörte aufmerksam zu und strich ein paar Mal über meine Hand, während ich redete. Ich hielt mich an meinem Bier fest und konnte die Gefühle, die gerade in mir hochkamen, nicht so recht deuten. Warum fühlte ich mich immer noch so angezogen von Simon? Wir hatten uns doch eigentlich eh immer nur gestritten. Aber wie er jetzt vor mir saß und mich anschaute – ich wollte jetzt so gerne seine Hand nehmen und ihn zu mir rüberziehen. Stattdessen zog ich meine Hand weg, lehnte mich auf meinem Stuhl zurück und nahm noch einen Schluck. Als die Kellnerin vorbeikam, bestellte ich sofort ein neues Bier.

»Du hast aber einen Zug«, lachte er, »so kenne ich dich ja gar nicht.«

»Tja, es gibt eben Seiten an mir, die auch du noch nicht kennst.« Ich lächelte ihn an und widerstand dem Impuls, ihm eine Haarsträhne aus dem Gesicht zu streichen. Das neue Bier, das gerade kam, nahm ich dankbar entgegen. Ich trank einen großen Schluck und entschuldigte mich dann zur Toilette: »Ich muss mal eben. Das Bier, du weißt schon …«.

»Ein paar Dinge ändern sich eben nie«, grinste Simon jetzt. »Du und deine Sextanerblase. Schon süß.«

Ich ging zum Toilettenhäuschen hinter der Bar im Biergarten und atmete tief durch. Als ich fertig war, stand ich eine Weile unschlüssig am Waschbecken und überlegte, wie ich zum Wohl aller – natürlich besonders Jans – dieser Situation entfliehen konnte. Plötzlich stand Simon hinter mir und strich mir die Haare aus dem Nacken:

»Hey meine Kleine, ich muss gestehen, ich hab dich doch etwas vermisst. Du siehst heute echt verdammt heiß aus in deinem kurzen Kleid.« Er gab mir einen Klaps auf den Po und einen gefühlvollen Kuss in den Nacken. Ich schnappte nach Luft:

»Simon, spinnst du? Was machst du da?« Erst war ich aufgebracht, über das, was er sich hier herausnahm, aber es fühlte sich so gut an. Seine Lippen auf meiner Haut. Sein Geruch, den ich immer noch gut kannte, und der jetzt Bilder in meinem Kopf entstehen ließ, die absolut nicht jugendfrei waren. Erinnerungen an uns beide. Erinnerungen an Sex mit meinem Ex. Mein Ex, der jetzt hinter mir stand und mich spüren ließ, dass er genauso erregt war wie ich. Er drückte seinen Schwanz gegen meinen Po und stöhnte mir ins Ohr:

»Ich will dich. Jetzt.« Ich war verwirrt und hin- und hergerissen zwischen meinem Gewissen und der Lust, die sich schlagartig in meinem Körper ausbreitete. Ich dachte an Jan, während Simon seine Hand zwischen meine Beine schob und meinen Slip herunterzog. Es war wie früher. Mit gekonnten Handbewegungen fing er an, mich zu liebkosen und schob mir langsam seinen Zeigefinger in die Muschi. Ich stöhnte und sah mein vor Lust verzerrtes Gesicht im Spiegel. Als Simon anfing, seinen Finger langsam rhythmisch in mir zu bewegen, während er weiter meinen Hals küsste, schob ich alle Bedenken und Gedanken an Jan beiseite.

»Scheiß drauf«, dachte ich und drückte meinen Po gegen seinen harten Schwanz. Ich hielt mich am Waschbecken fest, als

Simon seine Jeans aufmachte und sie so weit herunterzog, dass er seinen Schwanz von hinten zwischen meine Oberschenkel stecken konnte. Er zog seinen Finger aus meiner Muschi und leckte ihn genüsslich ab.

»Du schmeckst immer noch so gut wie damals«, seufzte er erregt, nahm ein Kondom aus seiner Hosentasche, zog es über und drückte sich von hinten an mich.

Er hatte mein Kleid hochgeschoben und packte mich fest an der Hüfte. Er fuhr ein paar Mal mit seinem Schwanz an meiner Muschi entlang, bevor er mit einem langen, tiefen Stoß in mich eindrang. Ich stöhnte laut auf und verkrallte meine Hände am Waschbeckenrand.

»Ist das geil!«, dachte ich und genoss das Gefühl, das Simon in mir auslöste. Er wusste immer noch, wie ich es am liebsten mochte und fickte mich mit langsamen und festen Stößen. Ich spürte seine Eichel immer wieder meine Schamlippen entlangfahren und stöhnte jedes Mal laut auf, wenn er wieder in mich eindrang.

»Du fühlst dich so gut an – das habe ich so vermisst!«, flüsterte mir Simon ins Ohr. Er umklammerte weiter meine Hüfte und stieß immer wieder fest zu. Ich beobachtete sein Gesicht im Spiegel und erkannte das Gefühl, das jetzt in mir aufkam. Die Welle rollte heran, und ich gab mich ihr einfach hin. Simon stöhnte mir ins Ohr und griff nun von vorne um mich. Er hielt meine Muschi mit einer Hand fest im Griff, während er mir von hinten weiter langsame, tiefe Stöße verpasste.

»Schneller«, seufzte ich und spürte die Welle, die mich jetzt überrollte. Ich ließ mein Becken leidenschaftlich kreisen und kam mit Simons nächsten Stößen heftig zum Orgasmus. Ich schrie leise auf und presste meinen Po fest gegen Simon, sodass ich ihn tief in mir spürte. Ein paar Sekunden später fühlte ich ihn in mir pulsieren.

»Ich komme!«, stöhnte Simon und stieß noch ein paar Mal kräftig zu. Dann ließ er sich auf meinen Rücken sinken und umarmte mich fest.

»Ich glaube, unser Bier wird draußen warm«, schmunzelte er nach einer Weile und nahm meine Hand.

Die 29. Geschichte vom besten Sex

REIS OHNE ALLES

Laura (26), Studentin, Trier
über
Niko (30), Student, Trier

Ich brauchte ganz dringend Geld. Mal wieder. Es war noch so viel Monat und nur so wenig Kohle übrig, dass ich mich seit Tagen bloß von Reis ohne alles ernährte. Reis zum Frühstück, Reis zum Mittag, Reis zum Abendbrot. »Das hält lange vor!«, wie meine Mutter zu sagen pflegte.

Das Problem war nur, dass ich Reis eigentlich überhaupt nicht mochte … Aber einen knurrenden Magen mochte ich noch weniger, und so biss ich weiter tapfer in den sauren Apfel (allerdings nur sinnbildlich, denn selbst für Äpfel hatte ich momentan keine Kohle übrig).

Wie ein Luchs lauerte ich daher jeden Tag auf neue Jobangebote in der Tageszeitung oder am schwarzen Brett der Uni. Ein Angebot, das ich dort fand, kam mir sehr skurril vor: *Wir suchen für den 30. Geburtstag unseres Freundes eine hübsche junge Dame, die ein bisschen für ihn tanzt und ihm einen unvergesslichen Abend bereitet!*

PS: Keine Angst, wir suchen hier kein Callgirl, sondern ein ganz normales, nettes Mädchen!

Ich hatte trotzdem Angst, als ich die angegebene Nummer wählte. Meine Finger hatten sich entschieden zu wählen, noch bevor mein Kopf ihnen das Okay erteilt hatte. Vielleicht waren es aber auch einfach mein rumorender Magen und der Nachgeschmack von trockenem Reis auf der Zunge, die mich wie in Trance auf die Tasten hämmern ließen.

»Tut. Tut. Tuuut.« Ich überlegte, ob ich einfach wieder auflegen sollte, als sich eine raue Männerstimme meldete: »Ja bitte?«

»Hallo«, sagte ich nervös, »ich habe deine Anzeige gelesen und würde das machen, also mit dem Tanzen und so. Also ich bin jetzt nicht sooo die Tänzerin, aber ich denke, es ist ganz okay. Aber was hast du dir denn da sonst noch vorgestellt? Ich meine, was soll das heißen ›einen unvergesslichen Abend bereitet‹? Also für irgendwelchen Schweinkram bin ich nämlich nicht zu haben. Also, nicht dass du jetzt denkst, ich bin prüde oder so, aber mir geht es um's Prinzip und …«

Mein Gesprächspartner unterbrach mich: »Nein, nein, keine Sorge. So war das nicht gemeint. Es geht uns nur darum, dass Niko einen schönen Abend hat. Er beklagt sich nämlich jetzt schon eine ganze Weile, dass er solo ist und seinen dreißigsten Geburtstag ohne eine Frau an seiner Seite verbringen muss. Deshalb wollten wir ihm ein originelles Geschenk machen. Aber das soll nichts Sexuelles sein.«

Ich atmete erleichtert auf. Na das klang ja ganz vielversprechend. Ein bisschen tanzen, ein bisschen flirten, ein bisschen reden. Was war schon dabei?

Trotzdem informierte ich am Abend der Geburtstagsparty sicherheitshalber meine beste Freundin, wohin ich ging, und bat sie, mich um zwölf dort abzuholen und falls ich nicht erschien, sofort die Polizei zu informieren. Für alle Fälle hatte ich außerdem ein kleines Alarmgerät, eine Dose Pfefferspray und ein Taschenmesser in meine Handtasche gepackt.

Eine Woche zuvor hatte ich mich mit Dominik, so hieß der beste Freund des Geburtstagskinds, getroffen, um mit ihm alles Weitere zu besprechen. Er schien mir ganz sympathisch und auch seriös zu sein. Vor allem aber nannte er mir eine Summe für den

Abend, die mein Herz höherschlagen ließ, und in Gedanken füllte ich schon meinen Kühlschrank mit Kaviar und Sekt und entsorgte den widerlichen Reis.

Um 21 Uhr erschien ich aufgeregt, top gestylt und bis an die Zähne bewaffnet in Nikos Wohnung. Die Party war schon in vollem Gange.

Es waren kaum Mädels da, dafür jede Menge grölende Männer, die mir hinterherpfiffen, als ich durch den Flur schritt. Im Wohnzimmer erwartete mich bereits Dominik: »Schön, dass du da bist! Niko ist gerade in der Küche. Er soll dich erst mal noch nicht sehen. Hier, das ist dein Kostüm, da drüben ist das Bad, da kannst du dich umziehen.«

Kostüm? Was für ein Kostüm? Davon war nie die Rede gewesen! Er hatte nur gesagt, ich solle mir was Heißes anziehen.

»War 'ne spontane Idee!«, sagte Dominik, als er meinen irritierten Blick auf die Stofftüte in meiner Hand bemerkte. Zögernd griff ich hinein.

»Das ist jetzt nicht dein Ernst!«, rief ich entsetzt, als ich das »Kostüm« – der Begriff traf es nicht – herauszog. In meiner Hand hielt ich einen schwarzen BH und ein weiteres Stück Stoff. »Was ist das? Ein Gürtel?«, fragte ich.

»Haha«, gluckste Dominik, »du hast Humor!«

Mir war ganz und gar nicht zum Scherzen zumute. Mit dem Spitzen-BH und dem kürzesten Rock, den ich je gesehen hatte, verbarrikadierte ich mich im Badezimmer und überlegte ernsthaft, die Party einfach zu verlassen. Aber dann dachte ich an den Reis und schlüpfte in den Hauch von Nichts.

»Du siehst super aus!«, strahlte Dominik mich wenige Minuten später an, »Niko wird begeistert sein! Ich kündige dich jetzt an! Warte im Nebenraum!«

Ich trat nervös von einem Fuß auf den anderen, während Dominik nebenan die frohe Botschaft verkündete.

Als die Musik einsetzte, holte ich noch einmal tief Luft und stieß dann energisch die Tür auf. Ich funktionierte den Türrahmen zu einer Go-go-Stange um und scheuerte mir während der Tanzeinlage den Rücken daran auf. Dann warf ich einen ersten Blick in den Raum. Die Geburtstagsgäste hatten sich im Halbkreis aufgestellt und starrten mich nun an. Einige riefen mir zu, andere klatschten begeistert. Einer aber saß reglos auf einem Stuhl in der Mitte und schaute mich irritiert an.

Er war wahrscheinlich der schönste Mann, den ich je gesehen hatte. Er hatte hellbraunes, halblanges Haar, stechend blaue Augen, die mich kritisch musterten, und einen Oberkörper, der mich völlig aus der Fassung brachte. Ich hielt inne und starrte zurück.

»Weiter!«, grölte mir einer der Männer zu und ich besann mich meiner Aufgabe. Ich tanzte einige der Kerle an, aber an den Schönsten von ihnen traute ich mich nicht heran. Ich konnte seine Blicke nicht deuten. Während die anderen begeistert wirkten, konnte ich bei ihm eine gewisse Abscheu erkennen. Er gab mir das Gefühl, dass er mich nicht hierhaben wollte.

Als das Lied zu Ende war, ergriff Dominik das Wort: »Das war also deine Überraschung, Niko! Ich hoffe, sie gefällt dir! Ihr könnt euch jetzt ein bisschen besser kennenlernen. Viel Spaß dabei und noch mal alles Gute, mein Lieber!«

Mit diesen Worten drehte er die Musik auf und die Party kam wieder in Gang. Niko stand auf und redete wild gestikulierend auf Dominik ein. Dann kam er plötzlich auf mich zu.

Oh Gott! Ich machte reflexartig einen Schritt zurück und stolperte rückwärts gegen die Wand. Panisch sah ich mich nach einem Fluchtweg um. Aber da war er schon bei mir angekommen und baute sich in seiner vollen Größe – und er war so schön groß! – vor mir auf. »Hallo. Ich bin Niko.«

»Hi, schön, dich kennenzulernen!«, sagte ich schüchterner als beabsichtigt. Er sah mich mit finsterer Miene an. »Na dann:

Herzlichen Glückwunsch!« Ich streckte ihm die Hand entgegen und er ergriff sie widerwillig. »Wollen wir uns was zu trinken holen und uns ein bisschen besser kennenlernen?«, fragte ich. Langsam kam ich richtig in Fahrt. Ich hatte meine Aufgabe nicht vergessen und wollte außerdem meine Nervosität überspielen.

»Nein«, sagte Niko kühl.

Nein? Was sollte das heißen: »Nein!«

»Ich denke, es ist besser, wenn du jetzt gehst!«, fuhr er in eiskaltem Ton fort, »meine Freunde haben sich da einen irren Scherz erlaubt, und ich denke, sie haben es wahrscheinlich nur gut gemeint, aber ich steh nicht auf so was. Ich möchte nicht, dass jemand bezahlt wird, damit er nett zu mir ist. Das habe ich echt nicht nötig!«

Und ich? Hatte ich es etwa nötig, mich derart anmachen zu lassen? »Fein«, sagte ich zutiefst gekränkt, »wenn du willst, dann gehe ich eben. Darf ich mich wenigstens noch kurz umziehen?«

»Ja, aber mach schnell!«, sagte er kühl.

Das war ja wohl das Allerletzte!

Auf dem Weg zum Bad traf ich auf Dominik: »Was ist denn los, wo willst du hin?«, fragte er überrascht. Ich erklärte ihm die ganze Sache, aber er winkte bloß ab und schob mich zurück ins Wohnzimmer. »Niko, altes Haus, jetzt tu nicht so verklemmt!«, rief er seinem Freund zu, »tanz mit der süßen Maus!« Mit diesen Worten drängte er mich in Nikos Arme und drehte die Musik lauter. »Ich bestehe darauf! Los jetzt, ihr beiden! Sonst bin ich echt bitter enttäuscht!«

Niko sah mich noch finsterer an als zuvor, und ich wunderte mich, dass überhaupt noch eine Steigerung möglich war.

Ich versuchte erst gar nicht, freundlich zu sein. »Na dann bringen wir es mal hinter uns!«, sagte ich und legte meine Hände auf seine Schultern. Niko sagte kein Wort, aber immerhin legte er mir die Arme um die Taille und ich fühlte, wie ein elektrischer

Stoß meinen Körper durchfuhr. Ich zog Niko enger an mich heran und er ließ es zu. Wir tanzten, ohne ein Wort zu sprechen, und ich versank geradezu in dem Duft seines Aftershaves. Ich fühlte seine Hände auf meiner nackten Haut. Er roch so verwegen, so wild, so verrucht.

»Warum bist du hierher gekommen«, fragte er plötzlich, »machst du so was öfter? Spielst du gerne mit den Gefühlen anderer?«

Ich sah ihn verblüfft an. »Also erstens bin ich hier, weil ich keinen Bock mehr auf Reis ohne alles habe. Zweitens: Nein, ich mache so was nicht öfter. Und drittens: Wieso spiele ich mit den Gefühlen anderer?«, verteidigte ich mich. Was sollten diese dämlichen Vorwürfe? Das Ganze war schließlich nicht meine Idee gewesen!

»Du hast den Auftrag, mit mir zu flirten und mich zu umgarnen, oder etwa nicht? Und deshalb spielst du mir etwas vor! Aber nicht mit mir, darauf kann ich verzichten!« Er sagte das so abwertend, dass es mir einen schmerzhaften Stich in die Brust versetzte.

Wütend stieß ich ihn von mir weg. Ich hatte genug. Was bildete sich dieser arrogante Schnösel überhaupt ein, hier den Moralapostel zu spielen? Ich rannte zum Badezimmer, um meine Sachen zu holen. Doch es war besetzt. Tränen der Wut schossen mir in die Augen, während ich gegen die Tür hämmerte.

Da kam Niko auf mich zu und ich blickte ihm trotzig ins Gesicht.

Oh mein Gott, war er schön! In seinen ozeanblauen Augen las ich Verwunderung.

»Ja«, fuhr ich ihn an, »ich sollte mit dir flirten. Aber ich hätte es auch getan, wenn ich diesen Auftrag nicht bekommen hätte. Ich bin keine Professionelle oder so. Ich brauchte nur ganz dringend einen Job. Einen seriösen. Nichts Versautes! Aber du tust gerade so, als hätte ich ein Verbrechen begangen, nur weil ich dich kennenlernen wollte. Und das wollte ich wirklich. Aber es war ein Fehler hierher zu kommen! Da esse ich lieber wieder Reis!«

Endlich kam jemand aus dem Badezimmer. Ich rannte hinein und schnappte mir meine Klamotten. Als ich den Raum wieder verlassen wollte, lehnte Niko mit verschränkten Armen an der Tür und versperrte mir so den Weg.

»Lass mich sofort durch!«, fauchte ich, aber er schüttelte nur den Kopf. Was sollte das nun wieder? Ich hatte für diesen Abend wirklich genug!

Ich blickte ihn wütend an, was angesichts seines atemberaubenden Lächelns, das ich nun zum ersten Mal sah, gar nicht so einfach war. »Lass mich jetzt endlich vorbei. Ich will nach Hause!«

Er lächelte breiter. »Für einen Kuss wäre ich vielleicht bereit, Platz zu machen!«, sagte er.

»Weißt du, was du kriegst, wenn du mich vorbeilässt?«, fragte ich mit verruchter Stimme.

»Nein, was?«, fragte er grinsend.

»Keine geschmiert!«, zischte ich kalt. Ich hatte keine Lust auf dumme Spielchen. Er war mir mit einer derartigen Arroganz begegnet und jetzt meinte er, mich erpressen zu können?!

Ich wollte ihn wütend beiseiteschieben. Er hielt mich zurück und schloss die Tür hinter sich ab.

Dann packte er mich bei den Schultern, presste mich mit dem Rücken gegen die Tür und küsste mich leidenschaftlich. Ich war so überrumpelt, dass ich nicht mehr klar denken konnte. Aber mein Körper reagierte mit einer wahren Glücksgefühlsexplosion.

Sein Kuss schmeckte nach Bier und Salzgebäck, und ich erwiderte ihn mit einer Hingabe, die mich selbst überraschte.

Schon bald wanderten seine samtweichen Lippen weiter, saugten an meinem Ohrläppchen, an meinem Hals und meinen Schultern und liebkosten schließlich meinen Bauch. Ich stöhnte erregt auf, als seine Küsse wieder nach oben wanderten und die Wölbungen meiner Brüste bedeckten. Ich griff nach seinem T-Shirt und zog es ihm über den Kopf. Sein Oberkörper war nackt noch tausendmal schöner, als ich es mir vorgestellt hatte: kein einziges Haar und gerade so muskulös, wie ich es mochte. Ich widmete mich jedem Zentimeter davon und wurde belohnt, indem er mir den BH vom Leib riss und mein Brüste knetete. Dann glitt seine Hand unter meinen Rock, wo sie meinen Slip beiseite schob und regungslos auf meiner Muschi liegenblieb. Ich wollte, dass sie sich bewegte, dass sie mich streichelte, bis ich nicht mehr konnte, aber Niko behielt die Kontrolle und trieb mich mit seiner ruhenden Hand beinahe in den Wahnsinn.

Ich krallte mich an seinem Rücken fest. Seine Zunge leckte meine Brüste, dann meinen Bauch, dann glitt sie langsam am Bund meines Minirockes entlang.

Vorsichtig öffnete er den Reißverschluss und schob mir den Rock über den Hintern. Dann entledigte er sich seiner Unterhose und stand nun in seiner vollen Pracht vor mir. Mit einem leichten Anflug von Verlegenheit zog ich ihn zu mir und küsste ihn, während meine Hände erst durch sein Haar – mein Gott, war das weich – dann über seinen Rücken und schließlich über seinen Po wanderten. Ich spürte nun seinen Ständer durch den Stoff meines Slips.

Ich hatte keine Geduld mehr und zog mir mein letztes Kleidungsstück aus. Vollkommen nackt standen wir uns gegenüber und schauten uns erst einmal nur an.

Zwei vollkommen Fremde, die sich plötzlich so nah waren, wie sich zwei Menschen nur nah sein können.

Er drehte mich sanft um, sodass ich nun mit dem Rücken zu ihm stand, und küsste meinen Po und die Innenseiten meiner Oberschenkel. Seine Fingerspitzen glitten über meine Beine. Hoch und runter, runter und hoch. Immer und immer wieder.

Ich drehte mich wieder zu ihm um und küsste vorsichtig seinen Hals. Der Geruch seines Aftershaves stieg mir erneut in die Nase, diesmal mit einer Intensität, die mich vollkommen berauschte und mich taumeln ließ.

»Soll ich jetzt immer noch gehen?«

Er zog mich fest an sich und umschlang mich mit seinen starken Armen: »Auf keinen Fall! Ich lass dich so schnell nicht mehr los!«

Wie zum Beweis presste er seine Lippen auf meine und drückte dabei seinen Unterleib eng an mich.

Dann führte er mich zum Rand der Badewanne, auf den er mich sanft hinunterdrückte, kniete sich vor mich und schob meine Beine auseinander. Ich rutschte so weit wie möglich nach vorne und streckte ihm bereitwillig mein Becken entgegen. Seine Fingerkuppen berührten die Innenseiten meiner Oberschenkel und huschten ab und zu flüchtig über meine Muschi. Dann endlich rieben seine Finger an meiner Klitoris und fuhren zwischen meinen Schamlippen auf und ab. Die Tatsache, dass ich inzwischen unfassbar feucht geworden war, betrachtete er als Einladung, einen seiner Finger in mir zu versenken. Dann verschwand sein Kopf zwischen meinen Beinen und er verwöhnte mich mit der Zunge. Er küsste meinen Kitzler, leckte ihn und saugte daran. Ich biss mir auf die Zunge, um nicht unkontrolliert loszubrüllen und genoss seine Berührungen in vollen Zügen.

Sein Lecken wurde irgendwann ungestümer und ich spürte, wie das Blut in meine Klitoris schoss. Doch kurz bevor ich explodierte, hielt Niko inne, nahm mich bei den Händen und half mir aufzustehen. Wortlos drehte er mich in Richtung Waschbecken um und drückte meinen Oberkörper leicht nach vorne.

Ich stützte mich auf dem Beckenrand ab, während Niko zum Badezimmerschrank ging und offensichtlich nach einem Gummi kramte. Als er endlich eines gefunden und übergerollt hatte, konnte ich es vor Lust auf ihn kaum noch aushalten. Ich wollte ihn endlich ganz. Er sollte mich nehmen. Jetzt!

Ihm ging es anscheinend nicht anders: Er drückte sich von hinten gegen mich, drang in mich ein und fickte mich so heftig, dass ich mich am Becken festklammern musste, um nicht umzufallen.

Seine Hände kneteten dabei erst meine Brüste, glitten dann über meinen Rücken und umfassten schließlich meine Hüften. Niko zog mich immer näher an sich heran, um noch tiefer in mir sein zu können. Seine Finger ertasteten erneut meine Klitoris und stimulierten sie im Rhythmus seiner Stoßbewegungen. Er schmiegte seinen Oberkörper an meinen gebeugten Rücken und ich hörte sein Keuchen ganz dicht an meinem Ohr. Er wurde immer lauter und stöhnte schließlich auf. Als es in mir regelrecht explodierte, nahm ich keine Rücksicht auf die anderen Partygäste und schrie aus vollem Hals.

Atemlos machte Niko einen Schritt zurück, drehte mich zu sich um und küsste meine zitternden Lippen. »Vielen Dank für das unvergessliche Geburtstagsgeschenk«, flüsterte er. »Aber was meintest du eigentlich mit ›Reis ohne alles?‹«

Die 30. Geschichte vom besten Sex

AFRIKA

Josephine (25), Studentin, Dresden
über
Unbekannten aus Israel

Es war heiß und es duftete nach Sonne, obwohl sie nicht schien. Es war Namibia.

Auf unbequemen Sitzen reisten wir im Minibus vom tristen Swakopmund nach Tsumeb, um in einem kleinen Backpackers-Hostel abzusteigen. Hier hatte man das gute Gefühl, der Wüste entkommen zu sein und wieder den Busch in nächster Nähe zu haben. Das Grün der Umgebung tat der Seele einfach gut.

Mit meiner Freundin Katrin war ich seit zwei Wochen mit Rucksack und Zelt bepackt in Afrika unterwegs. Das niedrige Budget erlaubte uns keinen Urlaub erster Klasse. Aber auf dieser Welt gab es so viel zu erleben, was man mit Geld nicht kaufen kann.

Die deutsche Chefin der Unterkunft war mir nicht wirklich sympathisch. Unfreundlich erklärte sie uns, dass sie keine Zimmer mehr frei habe, aber sicher einen Stellplatz für unser Zelt finden würde. Nach nichts anderem hatten wir gesucht. Denn wer gut ausgerüstet ist, dem macht schließlich auch ein hartes Lager nichts aus.

Mit wenigen Handgriffen bauten wir das Zelt auf und richteten uns häuslich ein. Dann war es Zeit für Bekanntschaften. Und was für welche!

Wenn das nicht der schönste Mann war, den ich je gesehen hatte … Ansonsten ein Muster der zynischen Realitätseinschätzung, blieb mir bei ihm die Spucke weg. Ein Wunderwerk der Schöpfung stand vor mir. Ein braungebrannter, schlanker Körper, durchtrainiert, mit flachem Bauch, jeder Muskel appetitlich ausgeformt ... und dazu ein strahlendes Lächeln, dichtes schwarzes Haar und so tiefdunkle Augen, dass sie mich nervös machten.

Der Israeli, dessen Namen ich mir kaum merken konnte – mit meinem Hebräisch ist es nicht so weit her –, war mit seinem ungesprächigen Kumpel schon eine ganze Weile unterwegs, seitdem sie den Militärdienst – vier Jahre Horror – abgeschlossen hatten. Nun war ihr Auto liegen geblieben, sie saßen in Tsumeb fest und machten sich nützlich. Im Garten des Hostels, praktisch direkt neben unserem Zelt und einem Tisch, der sich zum Essen, gemütlichen Beisammensein und als Zuschauertribüne eignete, hoben sie einen kleinen Pool aus.

Ich muss dazu sagen, dass ich seit geraumer Zeit Single war. Meine letzte Beziehung war vor rund einem Jahr in die Brüche gegangen, als mein Ex-Freund plötzlich vor meiner Tür stand und mir mitteilte: »Es ist ja nicht so, dass du mir nicht sympathisch wärst ...« Ich dürstete also nach Zuneigung, hungerte nach Aufmerksamkeit. Und Berührung.

Je später der Abend wurde, desto besser wurde auch unsere Laune. Katrin machte Bekanntschaft mit anderen deutschen Studentinnen, die ebenfalls auf eigene Faust das Land erkundeten. Meine Aufmerksamkeit war durch meine animalischen Bedürfnisse abgelenkt.

Die Spannung war fast hörbar. Sie lag wie das Sirren der Insekten in der Luft und fesselte mich an meinen Stuhl. Der Israeli sah mich an und ich schaute zurück.

Dann lud er mich ein, mit ihm Fotos anzuschauen. Ich löste mich aus der deutschen Gruppe und betrachtete die Bilder seiner Reise. Das Gespräch war nett, verlief aber irgendwie stockend.

Er: »Es macht mich nervös, wie du mich anstarrst.«

Oh nein, starrte ich? Und was für einen Anblick bot ich eigentlich?

Ich merkte erst jetzt, wie verschwitzt ich war. Wie zottelig meine Haare abstanden. Wie staubig meine Shorts waren. Doch ich konnte es in diesem Moment nur hinnehmen.

Ich versuchte, woandershin zu gucken. Ganz gelingen wollte es mir aber nicht.

»Du machst mich auch nervös«, sagte ich.

Spätestens jetzt wäre jeder anderen Person klar geworden, dass er auf sie stand. Wie gesagt: jeder anderen Person … Mir war das zu dem Zeitpunkt noch nicht klar. Ich war Männer wie ihn nicht gewohnt. Er war einfach zu schön, um wahr zu sein. *Der ist zu gut für dich,* höhnte meine innere Stimme. *Da stimmt was nicht.*

Die Stille war mir plötzlich peinlich und ich erklärte ihm stotternd, worüber die anderen sich unterhielten. Ich fand es unhöflich, dass alle nur deutsch sprachen. Aber das schien ihn so gar nicht zu interessieren.

»Wir könnten auch was anderes machen.«

»Was denn?«

»Was anderes …«

… und dazu dieser Blick …

»… reingehen …«

Kaum zu glauben, aber ich war immer noch im Unklaren über seine Absichten

»… oder spazieren …«

Es brauchte tatsächlich eine längere Diskussion, bis ich mich darauf einließ, ein paar Schritte zu tun.

Katrin gab mir mit einem halb neidischen, halb neckischen Blick den Schlüssel fürs Tor. Wir traten hinaus in die schwüle, dunkle Nacht. Ganz selbstverständlich hielten wir nach wenigen Minuten Händchen. Doch wir drucksten erst unerträglich lang herum, bis wir uns endlich leidenschaftlich küssten. Man merkte, hier war ein Frauenkenner am Werk! Er ging jedenfalls forsch zur Sache. Nicht unangenehm. Kaum hatten sich unsere Lippen aneinander festgesaugt, öffnete er schon meinen Gürtel, knöpfte meine Hose auf und ließ seine linke Hand langsam in mein Höschen gleiten. Die andere spielte verträumt an meinen Brüsten herum. Ich merkte, dass ich bereits feucht geworden war. Meine Hände streichelten seine unglaublich feste Brust, tasteten weiter, suchend ...

»Sollten wir vielleicht zurück zum Backpackers gehen? Hier auf der Straße ist es vielleicht nicht so ...«

Gute Idee. Ich war so angeheizt, dass mir der Weg dorthin wie eine kleine Weltreise vorkam.

Die anderen Gäste saßen noch draußen, aber ich nahm nur am Rande Notiz von ihnen. Wir entdeckten ein leeres Doppelzimmer und hofften, dass es auch erst einmal unbelegt bleiben würde. Denn schließlich konnten wir weder abschließen, noch die Vorhänge zuziehen. Riskant.

Der Gedanke, dass wir erwischt werden könnten, machte mich unheimlich an. Für einen Moment standen wir uns regungslos gegenüber, bis er sich wieder zu mir hinunterbeugte, mit seinem heißen Atem meine Wange streifte und mich auf den Mund küsste. Seine Zunge wanderte zu meinem Ohrläppchen und zu meinem Hals hinunter, während ich ihm ungeduldig sein Shirt über den Kopf zerrte. Ich folgte ihm, als er mich in Richtung Stuhl manövrierte. Er zog mich aus, als täte er das jeden Tag. Ich schaute erwartungsvoll und ein wenig schüchtern zu ihm hinauf. Seine Augen wollten mich.

Er hob mich so leicht hoch, als sei ich eine Feder, setzte mich aufs Bett und drückte mich sanft auf die Matratze, bis ich flach auf dem Rücken lag. Dann kniete er sich vor mich und sein Gesicht verschwand zwischen meinen Beinen. Während seine

Zunge sanft meine Klitoris umspielte, glitten seine Finger massierend in mich hinein bis mein Körper sich aufbäumte und ich mich zusammenreißen musste, um nicht laut aufzustöhnen. Er ließ mir allerdings keine Zeit zur Erholung und wanderte langsam, mit zärtlichen Küssen über meinen Bauch zu meinem Busen hinauf. Mein Atem wurde schneller und schneller, ich wollte ihn in mir spüren, sofort! Seine Zunge kitzelte meine Brustwarzen, während mein Becken wie von allein begann, sich rhythmisch gegen seine Lenden zu drücken. Ich genoss sein Gewicht auf mir. Dann hielt er kurz inne und schaute mir in die Augen. Ich konnte sehen, wie erregt er war. Und die Tatsache, dass er mich dafür nur verwöhnen musste, schmeichelte mir.

Ich konnte nicht mehr warten. Also übernahm ich das Kommando, drängelte mich auf ihn und wanderte dann küssend an ihm herunter. Ich benutzte Mund und Finger, um ihm das Kondom überzuziehen. Ich wollte ihn noch ein bisschen zappeln lassen und setzte mich rittlings auf ihn. Plötzlich packte er mich ungeduldig mit beiden Händen, schob mich beherzt von sich herunter und drehte mich wieder auf den Rücken. Das Ganze passierte so schnell, dass mir schwindelig wurde. Dann sah ich ihn über mir und spürte wie er in mich eindrang. Ich stöhnte so laut auf, dass er seine Hand auf meinen Mund presste und flüsterte: »Pssst! Wir müssen leise sein!«

Ich konnte spüren, wie groß sein Schwanz war. Wie gut er mich ausfüllte. Ich wollte noch einmal das Kommando übernehmen, stieß ihn von mir herunter und versuchte, mich nach oben zu kämpfen. Doch er ließ es nicht zu, stand auf, packte mich und drückte mich an die Wand hinter uns. Er umfasste meinen Po und hob mich so hoch, dass ich ihn mit meinen Beinen umklammern konnte. Seine Kraft machte mich noch heißer und ich krallte mich an seiner Rückenmuskulatur fest. Er stieß ein paarmal heftig zu, legte seinen Kopf in den Nacken und stöhnte laut auf.

Wir standen noch einige Sekunden so da, dann löste er sich von mir. Wir schauten uns an, hitzig, atemlos. Dann entsorgte er diskret das Kondom.

In mir machte sich kurz Enttäuschung breit, doch ich musste nicht lange warten, da stand er schon wieder nackt und hart vor mir. Er drängte mich wortlos zurück aufs Bett, dann spreizte ich meine Beine und er drang erneut in mich ein. Seine Bewegungen waren jetzt langsam und kreisend. Ich spürte ihn noch tiefer in mir, dann schloss ich die Augen und merkte, wie tausend kleine Blitze und eine warme Welle durch meinen Körper schossen. Ich stöhnte auf und kam so gut wie noch nie zuvor.

Wir lagen noch einen Moment schweigend nebeneinander. Als er aufstand und die zerwühlten Laken glattstrich, erwachte ich wie aus einem Traum. Alles so, als wäre nichts passiert. Unbeholfen suchte ich im Halbdunkel meine Kleider zusammen. Wir verließen möglichst unauffällig das Zimmer.

Am nächsten Tag reisten Katrin und ich ab. Den Israeli mit dem unaussprechlichen Namen sah ich nie wieder.

Die 31. Geschichte vom besten Sex

ALLES ANDERS

Marie (27), Studentin, Münster
über
Lars (32), Student, Münster

Er rief mich an. Eines Nachmittags. Zwei Tage hatte ich nichts von ihm gehört.

Ich hatte versucht, nicht an ihn zu denken und mein Leben wieder in den Griff zu bekommen. Vorwärts, nicht nach hinten schauen. Vor drei Tagen hatte er sich von mir getrennt. Er bräuchte seine Freiheit und müsste mal etwas Neues ausprobieren. Etwas Neues oder jemanden Neues!?

Nun gut, es war seine Entscheidung und ich kam nicht umhin, sie hinzunehmen, denn wie sollte man da noch kämpfen!?

Ich hatte versucht, ihn aus meinem Leben zu verbannen. Von wegen beste Freunde und so, das funktioniert eh nicht. Nicht nach so langer Zeit.

Er rief nun also an. Ob ich Zeit hätte. Ich wusste von vornherein, wozu das führen würde, aber warum nicht? Warum nicht noch einmal Sex mit ihm haben? Abschiedssex.

Gedanklich fand ich mich mit der Trennung ab.

Wir verabredeten uns für den Abend und ich sollte zu ihm kommen. Ja klar, immer so, wie der Herr es wünscht. In seinen Gefilden, wo er nichts riskierte. Ich war wütend, aber auch voller Freude und Erregtheit. Seine Anziehungskraft auf mich war noch sehr stark. Nicht nur körperlich, leider. Schon der Gedanke an den Abend ließ in mir die wildesten Fantasien aufkommen. Wie oft hörte man, dass man erst einmal Gras über eine solche Sache wachsen lassen sollte. Ich konnte nicht anders.

Aber wie gesagt, was sprach dagegen? Dass er einfach Sex bekam, wann er wollte? Ja, das stimmte, allerdings wollte ich es auch. Bauchgefühl. Manchmal muss man eben auf seinen Bauch hören, egal was einem die Leute erzählen.

Um 20 Uhr klingelte ich bei ihm. Ich hatte zwar noch seinen zweiten Wohnungsschlüssel, aber heute war alles anders. Es sollte anders sein. Durch den Türlautsprecher rief er in erwartungsvollem Ton: »Ja, bitte?«

»Ich bin's.«

»Na, komm hoch.«

Es war alles anders, fremdartig, irgendwie neu. Als ob man das dritte Date hätte und genau wüsste, heute Abend passiert es. Das waren nicht mehr die vertraute Wohnung, nicht mehr der vertraute Mann, seit er sich so verhalten hatte. Vertrauensbruch. Ungebunden und voller Selbstbewusstsein ging ich die Treppe hoch. Die Tür war angelehnt. Ich wusste, was ich wollte. Ich wollte Sex mit ihm, egal ob er mich nun liebte oder nicht. Egal, was morgen war. Egal, ob ich es später bereuen würde.

Ich schloss hinter mir die Tür und spähte durch den Flur. Die Schlafzimmertür war angelehnt. Behutsam wie ein neugieriges Reh ging ich zur Tür und sah durch den Spalt rotes Licht schimmern. Die Spannung und Erregtheit in mir nahm zu. Rotes Licht!? Ich fand es gut, es war neu. Es gab der Sache einen verruchten Touch. Es passte.

Langsam öffnete ich die Tür.

Er lag nackt im Bett. Er lag dort auf der Seite, den Kopf auf den Ellenbogen abgestützt, die Beine leicht angewinkelt. Also nicht so wie der Pascha vorm Herrn, sondern eher so, als ob er schon seit Ewigkeiten auf mich warten würde. Dazu ein verschmitztes Lächeln. All meine großen Bedenken schwanden.

Gierig wanderten meine Blicke über seine sehnigen schmalen Körper. Von seinem Gesicht über seine behaarte Brust zu seinem Schwanz. Er war hart. *Er hat auf mich gewartet, nur auf mich und meinen Körper*, schoss es mir durch den Kopf. Ich grinste, sagte aber noch immer kein Wort. Auch er schwieg. Vielleicht hatten wir uns schon genug gesagt oder viel zu viel. Es gab in diesem Moment auch nichts zu sagen und nichts zu klären.

Die Standpunkte waren klar.

Langsam zog ich mich vor ihm aus, sexy, aber nicht theatralisch strippend. Immer wieder trafen meine Blicke seine. Es war alles so anders, als ich es kannte.

Er drehte sich auf den Rücken, als ich zu ihm aufs Bett stieg. Ich bewegte mich auf allen vieren auf ihn zu und dann über seinen Körper hinweg. Keine Berührung. Und doch merkte ich die Energie zwischen uns, die angestaute Wut, das Unausgesprochene, den Hass der Enttäuschung und die alte Liebe. Ganz vorsichtig ließ ich meine Schamlippen über seinen rechten Oberschenkel gleiten. Ich wollte, dass er fühlte, wie erregt ich war. Ich biss ihm in die linke Brustwarze und setzte mich mit meiner feuchten Muschi auf seinen nackten Bauch. Er grinste wieder. Er war geil, dass sah ich ihm an. Ich kannte ich ihn schon zu lange, um es nicht zu bemerken. Ich ging wieder in die Vier-Pfoten-Stellung und ließ meine Zunge über seinen Körper wandern. Ich fing am Hals an, spürte kurz seinen Atem, wusste intuitiv, dass er jetzt die Augen schloss, glitt mit der Zunge über seine Brustwarzen, über seinen Bauch, umkreiste seinen Bauchnabel, wanderte über seinen rechten Beckenknochen zu seinem Oberschenkel, daran hinab und endete am kleinen Zeh seines rechten Fußes, den ich zuerst mit der Zunge kitzelte und dann in den Mund nahm, um daran zu saugen. Lecken. Saugen. Beides abwechselnd. Dann kniff ich ihm leicht in die Oberschenkel, ganz nah an seinem harten Schwanz. Pause. Erwartungsvoll sah ich ihn an. Er richtete sich auf, um meine Brustwarze zu zwicken. Er kniff sie sanft und schaute mir dabei keck in die Augen. Ich wollte Revanche und schlug vorsichtig mit der flachen Hand gegen seine Hoden. Er zuckte kurz zusammen, dann schlug ich ihm sanft gegen sein bestes Stück. Sein Rücken krümmte sich, während ich den nächsten gezielten Schlag losließ, nur um ihn danach für seinen Schmerz belohnen zu können: Meine Zunge wanderte vom Schaft hoch zur Eichel und spielte daran. Dann nahm ich seinen Schwanz ganz in den Mund.

Mich störte es nicht, dass ich ihn verwöhnte, während er nur genoss. Ich war frei und er war frei. Ohne Hintergedanken.

Genüsslich ließ er das Saugen über sich ergehen. Ich ging in die Offensive. Demonstrativ spreizte ich meine Beine über ihm, berührte ihn kurz mit meinen feuchten Schamlippen, um dann sofort wieder einen Rückzieher zu machen. Diese Prozedur wiederholte ich mehrmals, bis ich merkte, dass er mir seinen Unterleib immer mehr entgegenstreckte. Doch ich ließ ihn nicht. Er sollte auch mal ein bisschen leiden! Er würde gleich betteln, in mich eindringen zu dürfen, das wusste ich. Ich schloss meine Augen, kostete jede Berührung voll aus, ließ meine Muschi auf seiner Eichel kreisen. Sein Unterleib hob sich und ganz langsam ließ ich ihn in mich hineingleiten. Er stöhnte, als er endlich ganz in mir war. Ich legte mich auf ihn und plötzlich spürte ich ihn überall. Er in mir, meine Haut auf seiner, mein Gesicht über seinem.

Dann drehte er uns beide auf die Seite und stieg auf mich. Von da an war er nicht mehr zu halten. Verzweifelte leichte Schläge auf seinen Po oder seine Brust erduldete er mit dem gleichen verschmitzen Lächeln wie vorhin. Doch das Lächeln verschwand, je heftiger er zustieß. Dann kamen wir. Gleichzeitig. Er warf seinen Kopf in den Nacken, während sich meine Hände in die Kopfkissen krallten. Dann ließ er sich auf mich fallen, sein Atem ging immer noch schnell.

Das war's also, dachte ich. Er anscheinend auch. Er stand auf und ging ins Bad. Ich folgte ihm, noch immer kein Wort. Beide in Gedanken und auf uns selbst konzentriert wuschen wir uns, er am Waschbecken, ich in der Dusche. Kein Blick. Ich trocknete mich ab und suchte meine Sachen zusammen. Ich genoss es, ihn jetzt verlassen zu können, nicht reden zu müssen, und war schon kurz vor der Tür, da stand er plötzlich im Flur und schaute mich an. Ich wusste seinen Blick nicht zu deuten, und er machte mir Angst. »Tschüss!«, sagte ich und verließ fluchtartig die Wohnung.

Voller Gedanken fuhr ich nach Hause und lenkte mich mit einem Buch ab. Ich wollte nicht nachdenken. Zweieinhalb Stunden später rief er an. »Hallo!«

»Hallo!?«

Seine Stimme klang fast schüchtern. »Ich hab's mir überlegt, ich will doch nur dich!« Meine Gefühlswelt kollabierte.

Die 32. Geschichte vom besten Sex

VERLIEBT

Ana-Paula (25), PR-Beraterin, Berlin
über
Danny (29), Bauingenieur, Berlin

Würde ich vor der Wahl stehen: Sex oder Essen – ich würde mich nicht unbedingt für Sex entscheiden. Einfach, weil mich der Geschlechtsakt an sich, ist er nicht weiter definiert, nicht zwangsläufig befriedigt. Essen hingegen schon. Sex muss das Attribut »gut« mit sich bringen. Denn Sex allein ist entbehrlich. Es sei denn, man hegt akute Kinderwünsche. Was guten Sex ausmacht, lässt sich nicht generalisieren. So war ich lange Zeit davon überzeugt, dass ich einen Menschen lieben muss, um wirklich perfekten Sex mit ihm haben zu können. Bis ich eines Nachts mit einem mir bis dahin unbekannten Bekannten einer Bekannten auf der Rückbank seines alten BMWs meinen ersten Orgasmus hatte.

Wir lernten uns auf einer Party kennen, die ich – als Single – zum Anlass nahm, mich nach potenziellen neuen, festen Freunden umzuschauen. Dass mich hier jedoch jemand, der nicht mal meinem Beuteschema entsprach, zu meinem ersten Höhepunkt bringen würde, hätte ich nicht im Traum erwartet. Meine Männervorlieben waren damals ziemlich festgefahren. Ich liebte dunkelhäutige Kerle mit dunkler Haut und XXL-Klamotten. Danny entsprach dem genauen Gegenteil. Er lehnte an der Wand, im Mundwinkel eine Kippe, in der rechten Hand einen Martini, und blickte ziemlich selbstverliebt drein. Zugegeben: Hätte ich damals nicht schwarz, muskulös, leger bevorzugt, sondern blass, schmal und aufgehübscht, wäre er mir sicher direkt ins Auge gestochen. Seine langen, dünnen Beine steckten in hautengen, schwarzen Röhrenjeans, die in violette, halbhohe Dr. Martens mündeten. Dazu trug er einen tief dekolletierten Pulli und jede Menge Selbstbewusstsein.

»Is der nicht heiß?«, lallte mir eine mehr als angetrunkene Freundin ins Ohr und stieß mir dabei unsanft in die Seite. Zeitgleich zeigte sie mit lang ausgestrecktem, wankenden Arm auf Danny, der das natürlich mit einem breiten Grinsen zur Kenntnis nahm.

»Wie peinlich!«, raunte ich meiner Freundin zu und machte auf der Stelle kehrt. Ich wollte mich zur Bar durchschlagen, um vor diesem arroganten Lackaffen zu fliehen. Doch der hatte längst Beute gewittert und stand plötzlich direkt vor mir.

»Hi«, sagt er und schaute dabei mit hoch gezogener Braue auf mich hinunter.

Mir fiel erst jetzt auf, wie groß er eigentlich war. Und wie hübsch! Er hatte große, tiefbraune Augen, ein Werbespot-taugliches Colgate-Lächeln und einen dunkelblonden Wuschelkopf inklusive Tolle, die ein wenig aus der Form geraten war und ihm nun lässig in Strähnen ins Gesicht fiel.

»Wollen wir was trinken?«

Alles in mir schrie: *Lauf weg!* Aber dann kam mir der Gedanke, dass ich in den zwei Stunden, die ich bisher auf dieser Party verbracht hatte, niemand anderen Brauchbaren gesichtet hatte und keine Lust hatte, heute allein zu bleiben. *Scheiß drauf*, dachte ich mir. *Wenn er der Idiot ist, nach dem er aussieht, mach ich mich einfach wieder aus dem Staub.*

»Okay. Warum nicht.«

Wir machten uns auf zur Bar und fingen an, uns hemmungslos zu betrinken. Er spendierte mir zuerst ein Bier, dann einen

Cocktail, dann einen Tequila, dann noch zwei weitere Tequila und am Ende noch ein Bier. Irgendwann konnte ich nicht mehr aufhören zu grinsen und die Party samt Publikum nahm ich nur noch in groben Umrissen wahr. Auch Danny schien mir plötzlich erstaunlich nett zu sein. Und noch viel hübscher als vor den Drinks! Ich war mir nicht sicher, ob es am Alkohol oder tatsächlich an meinem neuen, hübschen Bekannten lag, aber ich hatte Spaß! Spaß, der sich irgendwann auch zwischen meinen Beinen abspielte.

Passenderweise wanderte Dannys Hand im gleichen Augenblick zu meinem Po. Er strich ganz sanft darüber und legte dann seinen Arm um meine Taille.

Huch, dachte ich leicht benebelt. Aber auch: *Toll!*

Was zwischen unserer ersten Berührung und dem Sex auf seiner Rückbank passierte, weiß ich nicht mehr. Blackout. Ich erinnere mich nur noch daran, dass ich mich irgendwann rücklings in seinem BMW wiederfand und sein Supermodelgesicht nicht mehr neben mir, sondern über mir sah.

Seine Hände waren plötzlich überall. Er küsste mich, streichelte meine Wangen, meinen Brustansatz und meine Schultern. Ich war – wen wundert's – völlig enthemmt und fing an, Danny auszuziehen. Ich zerrte ihm den Pulli über den Wuschelkopf, knöpfte seine Hose auf und fummelte an seinem Gürtel herum. Was mir nicht mehr ganz gelingen wollte, übernahm er. Dann saß er völlig nackt auf mir und begann, auch mich auszuziehen. Seine Berührungen kribbelten auf meiner Haut und ließen mich feucht werden. Ich schloss die Augen. Wollte nicht mehr sehen und denken, nur fühlen.

Seine Hände und sein Mund wanderten von meinen Brustwarzen über meinen Bauch hinunter bis zu meinen Schamlippen. Was er da machte, fühlte sich wie ein einziger Rausch an! Alle Freunde, die ich bis dahin gehabt hatte, erschienen vor meinem inneren Auge. Ich hatte sie alle aufrichtig geliebt, aber so etwas, wie das hier, hatten sie nie vollbracht! Endlich schien jemand zu kapieren, auf welchen Quadratzentimeter es ankam. Und er ließ nicht mehr davon ab. Er küsste meinen Kitzler, saugte daran, lutschte ihn, leckte rauf und runter, von links nach rechts und wieder zurück. Gleichzeitig streichelte er mit seinen Händen meine Nippel und brachte mich damit vollends um den Verstand. Als ich schon dachte, es könnte nicht mehr besser werden, schob er einen Finger in mich, bog ihn und berührte eine Stelle, die ich noch nie zuvor gefühlt hatte. Aha! Es gab ihn also doch, den sagenumwobenen G-Punkt!

Ich lag nahezu reglos und mit gespreizten Beinen da und ließ das Wunder geschehen. Zwischendurch stöhnte ich laut auf und Danny antwortete in der gleichen Sprache. Ihm schien es zu genügen, sich auf mich zu konzentrieren. Denn er machte keine Anstalten, mich um irgendeine Gegenleistung zu bitten. Er wollte offenbar nur eines: mich zum Höhepunkt lecken! Als mir das bewusst wurde, konnte ich mich nicht mehr zurückhalten. Ich ließ mich fallen, stöhnte und merkte, wie unzählige warme, kribbelnde Wogen durch meinen Unterleib fuhren. Ich zuckte, mein Herz hämmerte und meine Wangen glühten. Sekunden erschienen mir wie Minuten. Was für ein Glück! Denn diesen Augenblick, meinen allerersten Orgasmus, wollte ich bis zum letzten Moment auskosten.

Dann lag ich da. Völlig entspannt und mit einem breiten Dauergrinsen im Gesicht. Der Orgasmus hatte mich weitestgehend ausgenüchtert, aber der Rausch genügte noch, um nichts außer Glück wahrzunehmen.

Ein paar Wochen nach diesem Abend begann ich eine neue Beziehung zu einem Mann, von dem ich später behauptete, ihn geliebt zu haben. Trotzdem bin ich nicht ein einziges Mal in den Genuss gekommen, zu kommen. Und doch hatte ich ihn: richtig guten Sex. Leidenschaftlichen, alle Sinne überwältigenden Sex kann man also nicht an irgendwelchen Bedingungen festmachen. Nach Danny liebte ich aber vor allem eins: Spontaneität!

Wenn du weißt, wie es sich anfühlt, wenn du in der Küche stehst und das Abendessen vorbereitest, während du am Telefon noch schnell ein paar Fragen zum Meeting am nächsten Tag klärst, und du dann plötzlich von einer sich gleichmäßig bewegenden Hand unter dem Rock in eine andere Dimension entführt wirst, eine zweite Hand dazukommt und du auf den Tisch gehoben wirst ... Wie du, erst erstaunt, dann erregt, alles um dich herum vergisst, jede Tat, jedes Vorhaben an Relevanz verliert und der Sex mit diesem Mann zur wichtigsten Sache in diesem Moment wird und das Verlangen nach ihm zur einzigen Realität. Wenn du dieses ganz spezielle Gefühl von Freiheit kennst, das sich nach solch ungeplantem Sex in der Küche einstellt ... Dieses Gefühl, dass man alles haben kann, und zwar immer und sofort. Dann weißt du, wie es sich wirklich anfühlen muss ...

Irgendwo habe ich ein Zitat von Woody Allen gelesen, der meint, Selbstbefriedigung sei wenigstens Sex mit jemandem, den man liebt. Guten Sex kann ich mit einem Mann haben, den ich auf irgendeine Weise wirklich begehre, ob ich ihn nun liebe oder nicht. Dann genieße ich vor allem den Moment, in dem ich mit ihm eins werde. Sein Geruch muss mich betören und den Wunsch in mir erwecken, den ganzen Mann geradezu in mich aufsaugen zu wollen. In gewisser Weise nehme ich ihn ja auch in meinen Körper auf, wenn auch nur zu einen verhältnismäßig kleinen Teil ...

Ausschlaggebend für meine absolute Befriedigung ist also unter anderem auch der richtige Mann. Nicht, weil er bestimmte anatomische Voraussetzungen erfüllen sollte oder über bestimmte Techniken verfügen muss, sondern weil er so sein sollte, dass ich ihn mit allen Sinnen spüren möchte. Der richtige Mann riecht herb, aber warm, wie Sandelholz, salzig, aber frisch, seine Haut ist erhitzt und ein bisschen so, wie nach einem warmen Tag am Meer. Guter Sex riecht nicht nach Seife. Guter Sex ist für mich ein Gefühl. Ein Gefühl, das so ekstatisch sein kann, dass ich mir einbilde, die Realität zu verlassen. Ein Zustand, den man – das weiß ich seit Danny – wohl nur mit Hilfe zweier Tools erreichen kann: halluzinogenen Drogen oder gutem Sex.

Die 33. Geschichte vom besten Sex

REANIMATION

Nina (35), Chef-Sekretärin, München
über
Benjamin (36), Cutter, München

Wird es jemals anders sein? In den ersten Jahren unserer Beziehung hatte ich diese Frage noch mit einem hochmütigen »Nein!« beantwortet. Doch nach dem Hochmut kommt bekanntlich der Fall. Und ich fiel tief.

Als Benjamin und ich zusammenkamen, konnten wir kaum die Finger voneinander lassen. Er lebte in Hamburg, ich in München. Wenn wir uns sahen, vögelten wir. Wir taten es drei-, vier-, fünfmal am Tag. Wir kamen manchmal nicht mal aus dem Bett und störten uns nicht an zerzaustem Haar und ungeputzten Zähnen. Wen stören schon solche Nebensächlichkeiten, wenn man nackt ist? Wenn er mich vom Bahnhof abholte, hafteten wir augenblicklich wie Plus- und Minuspol aneinander. Wir küssten und befummelten uns und konnten es kaum abwarten, bis die blaulackierte Tür seiner Dachgeschosswohnung ins Schloss fiel. Dahinter verbarg sich unser Garten Eden. Ein Paradies aus zerknüllten Laken, Kissen und Körperflüssigkeiten. Es mag abartig klingen, aber nach einem verlängerten Wochenende mit Benjamin konnte ich meistens einen Termin beim Gynäkologen vereinbaren. Meine Blase entzündete sich regelmäßig. Von zu viel Sex. Ich hatte Schmerzen, aber ich war glücklich.

Als die Fernbeziehung zur Belastung wurde, suchte ich mir einen neuen Job und zog zu ihm. Zuerst änderte sich nichts, doch nach ein paar Monaten ebbte unsere Begeisterung füreinander ab. Wir standen morgens zusammen auf, putzten uns gleichzeitig die Zähne und fuhren zur Arbeit. Spät abends kamen wir heim und kauerten uns auf die Couch. Arm in Arm, aber ohne jeden Hintergedanken. Am Wochenende blieb Zeit für Zweisamkeit, aber da wir uns ja nun eh jeden Tag sahen, fanden wir uns freitags auch nicht viel aufregender als am Abend zuvor.

Benjamin wurde für mich zur Selbstverständlichkeit. Und ich war für ihn plötzlich eher Kumpel als Geliebte.

Zugegeben: Ich machte mir darüber wenig Gedanken. Ich wusste, dass es bei meinen Freundinnen auch nicht anders lief. Das beruhigte mich.

Doch irgendwann – ich saß mit einem Haufen Folien auf dem Kopf beim Friseur – stieß ich auf einen Artikel in einer Frauenzeitschrift: Lust lernen. Es ging um Sexflauten, um Langeweile und zu wenig Beziehungserotik. Es ging um uns! Auf zwei Doppelseiten schilderte die Redakteurin genau meinen, unseren Alltag und ich fühlte mich ertappt. Vielleicht war unser Zustand doch nicht hinnehmbar. Ich erinnerte mich an unsere Hoch-Zeiten. An seine Zunge zwischen meinen Beinen und das Herzklopfen, das inzwischen kurz vorm Stillstand war. In dem Artikel stand: »Übernehmen Sie Verantwortung für sich selbst und ihre Lust!« Und: »Wenn Sie sich nicht schön finden, wird er es auch nicht tun.« Außer regelmäßigen Stippvisiten beim Friseur hatte ich in letzter Zeit wirklich nicht mehr sonderlich auf mich geachtet. Mascara und Make-up verstaubten im Badregal und der letzte Pilates-Kurs lag Monate zurück. Mein Gott. Mich packte plötzlich ein ungeahnter Enthusiasmus. Ich wollte keine Mitbewohnerin mehr sein, sondern endlich wieder Geliebte!

Nachdem ich den Salon verließ, setzte ich mich ins Auto und entschied mich für einen Umweg. Ich fuhr nicht nach Hause, sondern steuerte einen Laden an, den ich schon ewig nicht mehr von innen gesehen hatte: das *La vie en Rose*. Die Boutique lag ganz versteckt in einem Hinterhof. Wie eine geheime Pralinenschachtel, die zum Sündigen unterm Bett hervorgezogen wird.

Als ich die Glastür zum Laden aufstieß, ertönte ein verheißungsvolles »Klinnnng«. Eine Verkäuferin begrüßte mich, um sich gleich danach diskret zurückzuziehen. Sie wusste: Hier war keine penetrante Beratung, sondern ein stiller Streifzug gefragt. Unter mir breitete sich ein schwerer, altrosafarbener Teppich aus. Auf dem geschwungenen Glastisch balancierten barocke Parfumflakons, Vibratoren und glitzernde Handschellen. So viel Verführung brauchte ich nicht. Nur etwas Nettes, um mich wieder schön zu fühlen. An einer gläsernen Kleiderstange baumelten Sets aus Korsagen, Strings und Strümpfen. Ich erinnerte mich, was mir früher gut gestanden hatte. Allerdings war ich inzwischen ein bisschen runder geworden und weicher sowieso.

Sei's drum, dachte ich mir und griff nach einem auberginefarbenen Duo aus Büstenhebe und Rüschenslip. Außerdem entschied ich mich für ein halbhohes Korsett mit Strumpfhaltern.

Als ich meinen sündhaft teuren, letzten erotischen Rettungsversuch bezahlte, freute ich mich schon darauf, nach Hause zu kommen. Ich wollte Ben überraschen. Aber noch mehr wollte ich mich selbst überraschen!

Zu Hause angekommen sprang ich unter die Dusche, tuschte mir die Wimpern und legte einen kirschfarbenen Lippenstift auf. Dann war es so weit: Ich zog mein neues Amazonen-Outfit an und stellte mich nervös vor den Spiegel. Klar: Ein bisschen anders als damals sah ich aus. Ein runderer Po, fülligere Schenkel und eine kleiner Bauch. Aber irgendwie gefiel ich mir. Weiblicher. Erwachsener.

Dann knackste das Türschloss und Benjamin kam herein. Er schleppte zwei schwere Einkaufstüten und umklammerte den Haustürschlüssel mit den Lippen.

»Wow.« Der Schlüssel fiel mit einem lauten Klirren zu Boden.

»Tataaa! Vorhang auf für deine neue Freundin.«

Ben stellte die Tüten ab und kam wortlos auf mich zu.

Ich grinste noch und war innerlich auf ein paar alberne Sprüche eingestellt. Doch Ben hatte offensichtlich andere Pläne.

»Du bist unglaublich.«

Er küsste mich so innig wie schon lange nicht mehr und umfasste meine Taille, die durch die Korsage besonders schmal war. Die Korsettstäbchen auf meiner Haut und seine Hände darüber fühlten sich so richtig an. So unfassbar feminin.

Er senkte seinen Kopf und fing an, an meinen Brustwarzen zu lutschen. Durch die Büstenhebe und seine Berührungen standen meine Nippel ihm wie zwei harte, rosafarbene Ventilkappen entgegen.

»Hab ich dir jemals gesagt, wie grandios ich deinen Busen finde?« Ben lächelte und küsste meinen Hals.

Ich wollte ihn verführen. Das war mein Plan. Also bückte ich mich und tat, was eine Verführerin tut: Ich öffnete seine Hosen und ließ sie zu Boden fallen. Dann schob ich seine weißen Mark Wahlberg-Pants (die liebte ich) ein paar Zentimeter herunter und strich über die dichten, braunen Härchen über seinem Schwanz. Er stöhnte leise auf und legte seinen Kopf in den Nacken. Sein Schwanz war inzwischen steinhart geworden. Seine Eichel pochte und zuckte zurück als ich sie mit meiner Zungenspitze berührte. Es schien, als wollte sie vor meinen Berührungen fliehen. Zuerst leckte ich nur ganz vorn, an seinem kleinen Loch. Dann umfasste ich mit einer Hand seinen Schaft, mit der anderen den Rest und ließ seine Spitze in meinem Mund verschwinden. Meine Lippen umschlossen Ben weich und feucht, und er unterstützte mich, indem er sein Becken sachte vor- und zurückgleiten ließ. Meine Zunge schlang sich wie eine Kobra um ihn. Das konnte ich also noch. Ich wusste genau, wie ich ihn zum Ausrasten bringen konnte.

»Komm Baby! Lass uns Liebe machen.« Manch einer hätte das vielleicht kitschig gefunden. Aber ich mochte es, dass Ben nie vom Ficken oder Vögeln sprach. »Idioten ficken und Tiere vögeln. Wir machen Liebe«, sagte er immer.

Ben drückte mich bäuchlings gegen die Wand und öffnete meinen BH. Meine Brüste verloren damit zwar ihren festen Halt, aber das schien Ben zum Glück überhaupt nicht zu interessieren. Mit einer Hand strich er über meine Warzen, mit der anderen bugsierte er seinen Ständer in Richtung Rüschenhöschen. Ich half ein bisschen nach und schob meinen Slip zur Seite. Dann drang er endlich ein. Zuerst fickte er mich nur ein bisschen mit der Spitze. Dann stieß er stöhnend zu. Sein Unterleib und mein verschwitzter Po klatschten laut gegeneinander und wir erzeugten schmatzende Geräusche, die an eine Wattwanderung erinnerten. Wie wunderbar unperfekt Sex war. So triebhaft und rücksichtslos.

Ich genoss es, Ben hinter mir stöhnen zu hören. Zu spüren, wie er immer und immer wieder in mich eindrang, zwischendurch herausrutschte, um sich dann gleich wieder ungeduldig seinen Weg zu bahnen. Während Benjamin sich völlig auf sich konzentrierte, begann ich, meinen Kitzler zu massieren. Mit einer Hand stützte ich mich an der Wand ab, mit der anderen machte ich es mir selbst. Das subtile Kribbeln zwischen meinen Schamlippen und das harte Rein-Raus ein paar Zentimeter weiter hinten brachten mich um den Verstand. Mir wurde schlagartig heiß und es war, als wenn ich uns plötzlich von außen beobachten würde. Er und ich fickend im Wohnungsflur. Was für ein prachtvoller Anblick! Ich streckte Ben meinen Po entgegen und spreizte die Beine. Dann erstickte ich mein Schreien, indem ich mir in den Unterarm biss. Es kam mir. So gut wie noch nie. Tack, tack, tack, tack, tack. Ich hörte den inneren Sekundenzeiger wandern und hatte das Gefühl, dieser Orgasmus würde nie aufhören.

Ben ließ erschöpft seinen Kopf auf meine Schulter fallen. Er war gekommen, ohne dass ich es bemerkt hatte. Ich war einfach zu sehr mit mir selbst beschäftigt gewesen. So wie in den letzten Wochen und Monaten. Aber diese Form von Egoismus war okay. Denn wir waren gemeinsam egoistisch. Und das gehörte sich so als Liebespaar. Wir waren reanimiert.

DIE AUTORINNEN

Ina Küper, 1984 bei Münster geboren, studierte Modejournalismus und Medienkommunikation in Düsseldorf. Danach war sie freie Redakteurin bei Dessous- und Brautmodenzeitschriften. Heute lebt und liebt sie wieder im Münsterland.

Marlene Burba, 1985 im westfälischen Gronau geboren, studierte ebenfalls Modejournalismus und Medienkommunikation an der AMD in Düsseldorf. Nach dem Studium und einer TV-Hospitanz bei 3sat arbeitete sie bei Mode-Fachmagazinen und als Online-Redakteurin.

Anfang 2008 beschlossen die beiden, das Erotikmagazin *Alley Cat* auf den Markt zu bringen. Während Ina Küper als Herausgeberin und Chefredakteurin fungiert, unterstützt sie Marlene Burba bei der Ideenfindung, beim Texten und allen anderen redaktionellen Belangen.

*

Amelie Klein wurde 1979 in Waren an der Müritz geboren, zog 1991 in die Nähe von Hannover und machte nach ihrem Abitur eine Ausbildung zur Erzieherin. Seit 2002 studiert sie Kunstgeschichte und Germanistik.

Anna Blume ist seit 1981 mit Herz und Seele Kölnerin. Durch ihr Studium der Film- und Fernsehwissenschaften genießt sie nun als Exil-Kölnerin und Autorin die Ruhrpottromantik.

Anuschka Lemmens wurde 1984 in Köln geboren. Nach dem Abitur studierte sie Modejournalismus und Medienkommunikation in Düsseldorf und arbeitet nun als PR-Consultant bei einem Modeunternehmen in Berlin.

Carla Branco lebt und studiert in Hamburg und lässt sich von Deutschlands Norden zu erotischen Kurzgeschichten und Artikeln inspirieren.

Catharina Siemer wurde 1983 in Cloppenburg in Niedersachsen geboren. Seit 2007 studiert sie Raumkonzept und Design an der Akademie Mode und Design in Hamburg.

Christiane Fritz, Jahrgang 1983 und gelernte Event-Managerin, lebt heute in Sachsen und arbeitet bei einer Marketing Agentur. Nebenbei ist sie als Autorin tätig und verfasst Kurzgeschichten, die vom Leben und Lieben erzählen.

Clara Schumann studierte Journalismus und Medienkommunikation. Heute arbeitet sie als freie Autorin und Illustratorin.

Dana Ligia, geboren in Siebenbürgen (Rumänien) und anschließend aufgewachsen im Schwäbischen, studierte Literatur und Geschichte. Heute arbeitet sie als freie Redakteurin und Autorin in Berlin.

Gabriela Bieber wurde 1990 in Bamberg geboren. Heute lebt sie im Landkreis Lichtenfels und gibt sich dem Schreiben und Studieren hin.

Janine Heibl wurde 1979 in München geboren. Nach ihrem Philosophiestudium wagte sie den Sprung in die tosende Welt des Journalismus und arbeitet heute als Redakteurin und freie Autorin in ihrer Geburtsstadt.

Johanna Braun lebt seit vier Jahren in Leipzig. Dort studierte sie zunächst und arbeitet jetzt als Autorin.

Kinga Rustler wurde 1984 in der Nähe von Berlin geboren und studierte Modejournalismus und Medienkommunikation an der Akademie Mode und Design in München. Heute arbeitet sie an der Entwicklung eines neuen Magazins.

Luna von Eisenhart-Rothe, geboren 1970, arbeitete als Make-up-Artistin unter anderem für *Vogue* und *Playboy*. Inzwischen lebt sie als erfolgreiche Erotik-Buch-Autorin auf Ibiza. Von ihr sind bisher die Erzählbände *Saftig* und *Ganz nackt* im Heyne Verlag erschienen. Weitere Infos unter: *www.luna-von-eisenhart-rothe.de*

Mila Daniels ist freie Journalistin und Autorin. Sie lebt und arbeitet in ihrer Heimatstadt Hamburg, von wo aus sie viele Reisen unternimmt, die sie zu ihren Geschichten inspirieren. Aber auch die Besonderheiten und Exzesse ihres täglichen Lebens bieten immer wieder Stoff für Kolumnen und Geschichten.

Sandra Köppchen, Jahrgang 1969, studierte in Düsseldorf Graphik-Design. Heute lebt sie mit ihren beiden Kindern als freiberufliche Diplom-Grafikerin, Illustratorin und Texterin in Grevenbroich und schreibt als Sanja Kopf erotische Kurzgeschichten.

Sophie Andresky, geboren 1973, wurde mit ihren Kurzgeschichten zu Deutschlands meistgelesener Autorin in Sachen Erotik. Seit Anfang 2009 ist sie Kolumnistin für das Magazin *Cosmopolitan*. Ihr erster Roman *Vögelfrei* ist im Heyne Verlag erschienen.

33 EROTISCHE GESCHICHTEN

Die ganz besondere Reihe: Jeder Band enthält 33 wahre erotische Geschichten rund um die schönste Nebensache der Welt! Locker und witzig geht es um den allerbesten Sex des Lebens, um aufregende Begegnungen, aber auch um kuriose Misserfolge, miese Dates und um grandiose Abenteuer. Unsere Autorinnen trauen sich in die echte Welt und sammeln dort ihre sexy Storys, ganz nah am Puls der Zeit.

Das lustvolle Gesamtprogramm finden Sie auf www.33-erotische-geschichten.de
Wenn Sie uns schreiben wollen, mailen Sie bitte an: info@33-erotische-geschichten.de

---

Ina Küper & Marlene Burba
BESTER SEX
33 Frauen erzählen über ihre aufregendsten,
unanständigsten & romantischsten Abenteuer
ISBN 978-3-89602-925-6
Lektorat: Sylvia Gelinek, Carolin Stanneck

© bei Schwarzkopf & Schwarzkopf Verlag GmbH,
1. Auflage September 2009
2. Auflage Oktober 2009
3. Auflage Januar 2010

Alle Rechte vorbehalten. Dieses Werk ist urheberrechtlich geschützt. Jede Verwendung, die über den Rahmen des Zitatrechtes bei korrekter vollständiger Quellenangabe hinausgeht, ist honorarpflichtig und bedarf der schriftlichen Genehmigung des Verlages.

KATALOG
Wir senden Ihnen gern kostenlos unseren Katalog
Schwarzkopf & Schwarzkopf Verlag GmbH / Abt. Service
Kastanienallee 32 | 10435 Berlin
Telefon: 030 – 44 33 63 00 | Fax: 030 – 44 33 63 044

INTERNET | E-MAIL
www.schwarzkopf-schwarzkopf.de
info@schwarzkopf-schwarzkopf.de